T0357659

En este mundo de redes sociales dond[...]
más que un mentor, a veces es difícil r[...]
cultura. Las palabras importan y las idea[...]
Permite que Alisa Childers te ayude a diferenciar entre el
pensamiento actual y la teología apropiada. *«Vive tu verdad»
y otras mentiras* cambiará tu forma de pensar acerca de las
declaraciones de la cultura y su impacto sobre tu vida.

J. WARNER WALLACE, detective que se ha destacado en
el programa de televisión *Dateline*, asociado de investigación
del Colson Center for Christian Worldview, y autor de
Cristianismo: Caso sin resolver y *Person of Interest*

Este libro es un correctivo amable, pero firme, a las mentiras
que parecen buenas y que tan a menudo se difunden hoy en
día. Nos dicen que encontremos nuestra propia verdad, que
nos pongamos a nosotros primero, que confiemos en nosotros
mismos. Alisa Childers nos presenta un mejor camino a través
de su historia, los ejemplos culturales, el humor y, sobre todo, la
verdad bíblica.

DOUGLAS GROOTHUIS, profesor de filosofía del
Seminario de Denver y autor del *Manual de apologética
cristiana*, segunda edición

¡Ameno, divertido y esclarecedor! A través de historias
personales, investigaciones y aplicaciones prácticas, Alisa
ofrece una visión de cómo las mentiras han afectado nuestra
vida cotidiana sin que lo sepamos siquiera. Lo mejor de todo
es que proporciona verdades sencillas de la Biblia, a fin de
combatir esta cultura estresante y egocéntrica.

JOHN L. COCOPER, cantante principal de Skillet, autor de
Awake and Alive to Truth y presentador de *Cooper Stuff Podcast*

En su estilo propio relacional, Alisa nos abre una ventana a las mentiras de nuestra cultura mostrándonos con cuánta facilidad nos engañamos cuando seguimos nuestras propias opiniones en lugar de la descripción bíblica de nuestra necesidad y su remedio. A través de la experiencia personal y el lente de las Escrituras, nos ayuda a ver cómo debemos regresar al Manual del Propietario, al Dios que nos creó y nos instruye para nuestro propio bien y para su propia gloria. Este libro es en gran medida fácil de leer, pero también útil para señalarnos la fuente de la verdad. Lee este libro y regálaselo a alguien que se esté dejando llevar por las mentiras creíbles pero engañosas que confrontamos a diario en esta era de la información.

DR. ERWIN W. LUTZER, pastor emérito de Moody Church en Chicago

Alisa Childers es un regalo para esta generación. Enseña el evangelio con sabiduría y claridad mientras confronta las mentiras culturales con la verdad inmutable de la Palabra de Dios. *«Vive tu verdad» y otras mentiras* te obligará a saber lo que crees y por qué lo crees, desafiándote a vivir de manera contracultural para Cristo.

GRETCHEN SAFFLES, autora de superventas de *La mujer cultivada en su palabra* y fundadora del ministerio Well-Watered Women

«Vive tu verdad» y otras mentiras

«VIVE TU VERDAD»

y otras mentiras

Desenmascaremos los engaños populares
que nos ponen ansiosos, exhaustos
y obsesionados con nosotros mismos

Alisa Childers

Unilit
PUBLICAMOS PARA CAMBIAR VIDAS

Publicado por
Unilit
Medley, FL 33166

Primera edición: 2024

Traducción: *Concepción Ramos*
Edición: *Nancy Pineda*

Producto: 495982

ISBN: 0-7899-2812-4 / 978-0-7899-2812-2

Categoría: *Vida cristiana / Crecimiento espiritual / General*
Category: *Christian Living / Spiritual Growth / General*

Impreso en Colombia
Printed in Colombia

A mi esposo, Mike,
quien nunca ha vacilado en la verdad

CONTENIDO

1
AVIONES
Confía en mí... aunque nunca lo haya hecho antes

Ninguna caricia es más dulce que tu caridad
y ningún amor es más gratificante que el
amor de tu verdad, que brilla en belleza por
encima de todo.

San Agustín, *Confesiones*

De manera literal, tenía el dedo en la tecla. Todo dentro de mí quería hacer clic y enviar. *¿Por qué no lo hago?*, pensé. El autor del meme era cristiano, la cita parecía positiva y motivadora para la vida, y de seguro que animaría y les levantaría el ánimo a mis amigos en las redes sociales. *A pesar de eso, sigo sin hacerlo.* ¿Pero por qué? Con el dedo índice golpeando ligeramente el ratón de la computadora, pensé en mi vacilación. Entonces, en un súbito estallido de claridad, el Espíritu Santo me dijo: «¡Despierta!». *Oh, sí.* Vacilaba, pues a pesar de que la cita parecía buena, no era bíblica. En realidad, era una mentira... una pequeña mentira feliz.

¿Te has visto alguna vez en una situación similar? No puedo contar cuántas veces he ido a mis redes sociales solo para ver un mensaje como: «Sigue tu corazón», y pienso: *Ahhh, ¡qué bonito!* Hago clic en «Me gusta» antes de tener la oportunidad de recordar: *Un momento, la última vez que seguí a mi corazón se hizo pedazos y me llevó años recuperarme.* «Confía en tus instintos. Nunca mienten». Eso me llevó al tribunal de tránsito.

¿Y si esos pequeños eslóganes que parecen positivos y motivadores son solo mentiras que nos desvinculan de la verdad, la realidad y la esperanza? Confiar en la sabiduría popular nos puede causar dolor y confusión innecesarios. En otros casos, conduce a la esclavitud absoluta a cualquier señal de virtud del día que domine el internet. ¿Estás cansado de sentir que tienes que consultar las redes sociales para saber lo que se supone que debes pensar? ¿Estás cansado de los últimos libros de autoayuda que prometen liberarte pero solo te aprisionan con largas listas detalladas de estudios que considerar, afirmaciones positivas que recitar y grupos de Facebook a los que unirte, causas que defender y otros libros que leer? (Parece como si fuera de veras «autoayuda», ¡no deberías necesitar todo este apoyo externo!).

En ese momento de duda por un meme, me di cuenta de que hay interminables maneras de torcer la verdad, manipularla, cubrirla y hasta usarla para promover el engaño. A menudo, la mentira se bautiza con un lenguaje cristiano y la tentación de comunicarla sin pensar es real. Como dijera A. W. Tozer: *«Buena parte del cristianismo contemporáneo ha sido tomada prestada de las filosofías del mundo y aun de otras religiones: frases y lemas que aparentemente parecen grandiosas, pero que no están arraigadas en la Escritura o que, sobre todo, sostienen la imagen propia de uno»*[1].

Esas mentiritas felices son aseveraciones concisas que parecen buenas, seguras, optimistas y constructivas. Quedan geniales bordadas en una almohada, digitalizadas en un meme o convertidas en un eslogan. Por lo general, se expresan de manera positiva, como «Cree en ti mismo» y «Eres perfecto tal y como eres». Verás, las mejores mentiras son las que parecen más bonitas. Se componen de al menos un cincuenta por ciento de verdad. A veces son casi ciertas por completo. Sin embargo, ¿esa pequeña parte influye en todo el resultado? Esa es la parte importante.

Nuestra cultura está repleta de eslóganes que prometen paz, plenitud, libertad, empoderamiento y esperanza. Estos mensajes se han convertido en un componente tan integral de nuestra conciencia estadounidense que mucha gente ni siquiera piensa en cuestionarlos. Parecen buenos y transmiten una ilusión de verdad. A menudo, estos mensajes los popularizan celebridades de las redes sociales que afirman ser cristianas, promocionan sus materiales como si estuvieran de acuerdo con los principios cristianos, y los publican en plataformas y sitios cristianos. ¿Cuál es el problema? Son mentiras.

NOVATO

Más que nunca, las personas se guían por su corazón, sus opiniones, sus preferencias, sus prejuicios y sus predisposiciones. En otras palabras, hemos aprendido a confiar en nuestras emociones. Sin embargo, ¿cómo nos resulta esto? Está generando todo tipo de problemas. Y en muchos casos... ¿no nos metimos *nosotros mismos* en este lío para empezar?

Hoy tenemos autores, personas influyentes y gurús en consejería que venden sus historias de transformación personal como modelos a seguir. Sus consejos se basan a menudo en decisiones muy recientes que alteran la vida y que parecen hacerles felices en el momento, pero que no han resistido la prueba del tiempo. En algunos casos, sus libros aparecen pocos meses después de un cambio importante en su vida, un divorcio, un cambio de paradigma en la identidad o una deconstrucción espiritual, que según ellos, les ayudó a descubrir su verdadero yo. A menudo sus instrucciones incluyen desechar miles de años de sabiduría (ejem... la Biblia) y cientos de fieles y piadosos maestros bíblicos (*¿Elisabeth Elliot? ¡Qué santurrona! ¿Charles Spurgeon? Uf... ¡qué fastidio!*) y sustituirlos con algo (o alguien) que decidieron probar literalmente hace cinco minutos. ¿Y se supone que debemos seguir a esta gente? Lector, escucha, por favor, no aceptes consejos de vida de alguien que está en medio de una gran crisis. A menos que te aconsejen con sabiduría bíblica probada por el tiempo y te dirijan a Cristo (no a ti), sería prudente pulsar la tecla de pausa en medio de ese candente lío y esperes para ver cómo se desarrolla todo en los próximos diez años más o menos.

Seguir el consejo de alguien porque es divertido, seguro de sí mismo o experto en Instagram me hace pensar en un hipotético escenario en el aire. En primer lugar, debes saber que he estado en más aviones de los que puedo contar. Es más, en los vuelos de madrugada, puedo quedarme dormida en cualquier avión, en cualquier asiento, en cualquier fila. Casi lo he convertido en una ciencia. Antes de despegar, saco mi almohadilla para el cuello, me pongo los tapones para los oídos, me cubro los ojos con la capucha de la sudadera, ajustándomela bien. Con la cabeza recostada hacia atrás y solo la nariz y la boca visibles por el agujero de la capucha, casi siempre estoy dormida cuando despega el avión. Si no me despierto hasta el aterrizaje, lo considero una victoria personal. Si ninguno de mis compañeros de viaje me tira una galletita de queso en la boca abierta de manera inconsciente, doble victoria.

Como es obvio, no suelo ponerme nerviosa al volar. Duermo como un bebé. Quizá sea porque vuelo con mucha frecuencia, o tal vez sea porque tengo otras cosas en mente. Sobre todo, creo que se debe a que sé que la formación que reciben los pilotos es rigurosa... en especial cuando se trata de vuelos comerciales, donde están en juego las vidas de tantos ciudadanos. Al fin y al cabo, confío en que la industria aérea me mantenga a salvo.

No obstante, imaginemos que subo a un avión y justo después del despegue el piloto anuncia: «Buenos días a todos. Me gustaría agradecerles por acompañarme en mi primer vuelo. No se preocupen, he estado bastantes horas en educación presencial y simuladores de vuelo. Ah, y nuestro copiloto no pudo venir esta mañana, pero confío en que haré un gran trabajo y los llevaré a todos a su destino sanos y salvos y a tiempo». ¿Te imaginas el nivel de ansiedad que golpearía el corazón de cada pasajero en ese momento? Esto se debe a que la confianza es un factor esencial para sentirse seguro.

Entonces, ¿en qué y en quién podemos confiar cuando se trata del conocimiento sobre la vida, la muerte, la bondad y el propósito? No creo que sea exagerado decir que nuestra cultura nunca ha estado tan dividida, polarizada o desconfiada. Nadie sabe dónde puede encontrar información confiable sobre cualquier cosa, desde recetas de bizcochos de chocolate hasta salud personal, moralidad o política. La depresión y la ansiedad se han disparado, en especial entre los jóvenes[2].

No sé tú, pero creo que confiar en lo que las voces más fuertes y atractivas digan que es cierto en un día determinado es agotador por completo. En muchos casos, estas voces son como ese piloto de avión novato que les anuncia a los pasajeros que nunca ha hecho esto antes, pero que de seguro deberían confiarle sus vidas. Es algo así como: «Hola, soy un gurú de la autoayuda que no deja de tomar malas decisiones y muchas de mis relaciones son un desastre. Sin embargo, soy muy auténtico al respecto, así que de seguro deberías dejarme ser tu guía para la vida».

CÓMO CONSTRUIR UNOS CIMIENTOS FIRMES

Lector, voy a hacer una afirmación audaz. Creo que abandonar la jerga y aferrarse a las verdades eternas de la Biblia es lo más liberador y estabilizador que podemos hacer. Aliviará la ansiedad, aplacará la depresión y calmará un corazón inquieto. Reconocer quiénes somos en Cristo es el máximo cuidado personal, pues la Palabra de Dios no se reinventa junto con una cultura en constante cambio. Es más, debes saber desde el principio que escribí este libro dando por sentado que la Biblia es la autoridad suprema de nuestra vida. Mi primer libro, *¿Otro evangelio?*, explica la evidencia que descubrí para apostar mi vida por las Escrituras después que mi propia fe se viera sacudida en gran medida. La versión corta es la siguiente: Las Escrituras han resistido la prueba de miles de años, la han respaldado millones de personas transformadas por su verdad y les han proporcionado a innumerables creyentes unos cimientos firmes para conocer a Dios y vivir su fe. Tenemos buena evidencia de la historia, la arqueología y la erudición bíblica para confiar en que tenemos una copia exacta y que lo que registra es verdad. En Mateo 24:35, Jesús nos dijo que sus palabras nunca pasarán. Sabemos por Hebreos 13:8 que Jesús es el mismo ayer, hoy y por los siglos. Él no cambia, y sus palabras permanecen para siempre. Para decirlo de otra manera, creo que la Biblia es la Palabra de Dios, pues esa era la opinión de Jesús. Soy una seguidora de Jesús y mis creencias reflejan lo que enseñó Él.

En Mateo 7:24, dice: «Por tanto, cualquiera que oye estas palabras mías y las pone en práctica, será semejante a un hombre sabio que edificó su casa sobre la roca». Continúa explicando que la lluvia y las inundaciones no pueden arrasar esa casa, y los vientos no pueden derribarla por mucho que la bombardeen. Por otra parte, Jesús dice que quien oye sus palabras y no las pone en práctica es como un insensato que construyó su casa sobre la arena. ¿Dónde están registradas las palabras de Jesús? En el Nuevo Testamento. ¿Y qué dice Jesús en el Nuevo Testamento sobre el resto de la Biblia? A menudo se refiere a las Escrituras del Antiguo Testamento como «la Palabra de Dios». También afirma *ser de veras* el Dios del Antiguo Testamento, por lo que en ese sentido, en la Biblia no existen en realidad las «palabras en rojo». Todas son palabras en rojo. Jesús es Dios, y Dios inspiró las Escrituras «para enseñar, para reprender, para corregir, para instruir en justicia» (2 Timoteo 3:16). Como seguidores de Jesús, ¿no deberíamos creerle al pie de la letra?[3] En muchos sentidos, este es un libro sobre la Biblia. También es un libro sobre la lógica y el sentido común, y las formas absurdas en que nos convencemos de que no es así. Sin embargo, sobre todo, es un libro acerca de cómo plantar los pies en los cimientos de la verdad de Dios... verdad que no evoluciona con las tendencias culturales. Como me dijo una vez un sabio amigo: «Prefiero tener una choza en tierra firme que una mansión en la arena».

En el próximo capítulo consideraremos algunas razones fundamentales por las que hoy en día es tan fácil confundirse: la naturaleza cambiante del lenguaje y la tendencia a enfocarnos en nosotros mismos. En cada capítulo posterior, examinaremos la mentira popular y la compararemos con lo que dice la Biblia. Entonces, lector, tendrás que tomar una decisión. ¿Elegirás mantenerte firme en la verdad inmutable de las Escrituras inspiradas por Dios, o elegirás cualquier eslogan de moda con el que la gente esté obsesionada en la actualidad? La decisión es tuya.

¿Y mi casa y yo? Elegimos construir sobre la roca. Elegimos la paz. Elegimos la esperanza. Elegimos vivir *la* verdad.

2
PANTALONES

Reconstruyamos la torre de Babel... ¿o de «balbuceo»?

—Cualquiera puede hacer preguntas
—dijo el señor Wonka—. Son las respuestas
las que cuentan.

Roald Dahl, *Charlie y el gran ascensor de cristal*

Una vez le dije a una estrella de rock cristiana británica que me gustaban sus calzoncillos. Bueno, no quería decirle eso. Quería decirle que llevaba unos pantalones muy bonitos. Lo que no sabía entonces es que, en Inglaterra, algunas palabras tienen significados diferentes a los que tienen en Estados Unidos.

En anticipación al lanzamiento del primer álbum de mi grupo ZOEGirl, me invitaron a cruzar el charco para asistir a una fiesta en honor de una exitosa banda de rock que había cosechado una serie de éxitos en Estados Unidos. Nos reuniríamos para tomar el té y panecillos salpicados de crema Devonshire, y todo sería muy elegante. Cuando llegué, esta introvertida empedernida ya estaba nerviosa por la interacción social que se avecinaba. Habría interacción, conversaciones triviales y preguntas sencillas... la tripleta de mi peor pesadilla.

Nuestra lujosa limusina (¿mencioné que todo era elegante?) se detuvo ante un pequeño estudio de grabación que parecía ser el único edificio en kilómetros a lo largo de la exuberante y verde campiña inglesa. Mi ansiedad creció cuando me di cuenta de que tendría que *hablar con esa gente*. Esta banda había orquestado literalmente la banda sonora de mi vida de joven adulta, y no tenía ni idea de qué decirles cuando los conociera.

¿Soy yo la única introvertida que inventa planes de evasión en las fiestas? Los míos son algo como esto: Primero, entro y busco un baño. Segundo, entro en el baño y me quedo allí un minuto para analizar las cosas y planear mi próximo movimiento. Luego me asomo por detrás de la puerta del baño y miro a mi alrededor en busca de algún tipo de mesa de postres o estación de café. A continuación, me dirijo a dicha mesa y me demoro de manera absurda sirviéndome una taza de café y examinar los postres. Con suerte, para entonces ya me habré animado a ponerme los pantalones de niña grande y ser una persona adulta. Sin embargo, esta vez no. Mi plan de evasión se frustró de inmediato, pues el cantante principal de la banda estaba allí cuando entré por la puerta principal. Entre nosotros no había más que una mesa con pasteles y bocadillos.

Asombrada y estupefacta, fui incapaz de pensar en algo que pudiera decir una persona normal, así que solté: «¡Me gustan tus pantalones!». (En mi defensa, eran pantalones acampanados de terciopelo muy elegantes que recordaban a Mick Jagger alrededor de 1971). Sus ojos se abrieron de par en par y una sonrisa de lástima se dibujó en su cara cuando me di cuenta de que había cometido un terrible error. «A los pantalones», dijo, «les llamamos aquí calzoncillos». Fue muy amable. Sin embargo, ahora que había acosado por accidente a mi cantante cristiano favorito, era obvio que debía abandonar mi trabajo y mudarme a Canadá.

En ese momento me di cuenta de que las palabras y su contexto son componentes críticos de la comunicación. Lo que entendía como *ropa exterior*, él lo entendía como *ropa interior*. Pantalones: una palabra, dos conceptos muy diferentes. Aun así, no hace falta vivir en dos continentes distintos para que se produzcan malentendidos.

ENSALADA DE PALABRAS

Dado que las palabras evolucionan constantemente en definición y significado, este tipo de confusiones pueden ocurrir incluso entre personas que crecieron en la misma calle. Tomemos por ejemplo la palabra *tolerancia*. Hace años, la tolerancia significaba que, aunque no estuvieras de acuerdo con la opinión de otra persona, respetabas su derecho a decirla y no tomabas represalias con violencia ni abuso. Sin embargo, eso no es lo que la mayoría de la gente quiere decir cuando usa la palabra hoy en día. En nuestra cultura, la tolerancia suele significar celebrar y afirmar la opinión de otra persona y nunca insinuar que podría estar objetivamente equivocada en algo, sobre todo cuando se trata de moralidad o religión. En cambio, este uso moderno de la tolerancia no solo es una redefinición; es justo lo contrario a lo que significa la palabra *en realidad*. ¡No puedes tolerar a una persona a menos que no estés de acuerdo con ella! Esta definición actualizada le priva a la gente de tener opiniones reales... al menos las que pueden expresar en alta voz. Al escribir acerca de los siete pecados capitales, la escritora inglesa Dorothy Sayers señala que otra palabra para el pecado capital de la pereza (apatía) es tolerancia:

En el mundo se llama tolerancia; pero en el infierno se llama desesperación [...] el pecado que no cree en nada, no se preocupa por nada, no busca saber nada, no interfiere con nada, no disfruta de nada, no ama nada, no encuentra propósito en nada, vive para nada, y permanece vivo solo porque no hay nada por lo que moriría[1].

Sin embargo, la *tolerancia* no es la única palabra que se renueva en la actualidad. Palabras como *amor, odio, fanático, masculino, femenino, opresión, justicia* y *verdad* (muchas de las cuales hablaremos en este libro) se modifican constantemente. Así que es posible imaginarse la confusión que puede causar cuando la gente no define sus términos de manera cuidadosa. Podemos terminar hablando entre nosotros sin llegar nunca a una conclusión agradable solo porque no pensamos en el significado de nuestras palabras.

En *Mamma Bear Apologetics: Empowering Your Kids to Challenge Cultural Lies*, Hillary Morgan Ferrer se refiere a este fenómeno como «robo lingüístico», que define como «*secuestrar palabras a propósito, cambiar sus definiciones y luego usar esas mismas palabras como recursos de propaganda*»[2]. A eso le añadiría que, en algunos casos, el robo lingüístico se produce de forma involuntaria. Cuando no tenemos cuidado con nuestras palabras, estas pueden transformarse y cambiar de uso, y podemos adoptar de manera inconsciente un vocabulario nuevo por completo sin darnos cuenta. Ferrer identifica cinco formas en que el robo lingüístico socava la verdadera comunicación:

1. Puede detener una conversación en seco. (Basta con acusar a tu oponente ideológico de «incitación al odio» y se acabó la discusión).

2. Puede hacer que la gente actúe antes de reflexionar a fondo sobre una cuestión. (Olvídate de esperar a tener todos los detalles... ¡sigue cualquier tendencia popular de postureo activista en el que Twitter esté hoy para que no te cancelen!).

3. Oculta los detalles. (¿Quién necesita investigar lo que una organización en particular cree y financia mientras parezca una buena causa?).

4. Asume lo peor de los oponentes. (Piensa en Twitter en 2020, donde todos con los que no estabas de acuerdo pensaban que eras «literalmente Hitler»).

5. Por último, presenta lo negativo como positivo, o lo positivo como negativo. (Piensa en los términos proaborto y justicia reproductiva. Parecen buenos, ¿verdad? Son frases positivas que se utilizan para proteger a las personas de la horrible realidad del aborto y hacerlas sentir virtuosas por su activismo a favor del aborto)[3].

¿BABEL O BALBUCEO?

Estos son solo algunos ejemplos de la complicada relación que tenemos los seres humanos con el lenguaje. Me recuerda cierta historia bíblica que todos crecimos escuchando.

Génesis 11:1 nos dice: «Toda la tierra hablaba la misma lengua y las mismas palabras». Hace mucho tiempo, la gente se creía muy grande, así que emigró de oriente, levantó una ciudad y empezó a construir una torre con el objetivo de alcanzar los cielos. Sin embargo, este rascacielos no nació de una humilde búsqueda de adorar a Dios. Los que lo construían tenían el objetivo de convertirse en sus propios dioses. «Hagámonos un nombre», dijeron (versículo 4). En cambio, Dios dijo algo como: «Hoy no, Satanás». Entonces, confundió su lengua y los dispersó por toda la tierra (versículos 7-8). Y así, se abandonó su pequeño proyecto de construcción.

Querían hacerse un nombre, pues tenían miedo de ser «dispersados sobre la faz de la tierra» (versículo 4). Lo irónico es que eso fue justo lo que sucedió. Sin embargo, ¿por qué Dios los culparía por encontrarse unos a otros, vivir y trabajar en paz y unidad, comunicarse perfectamente y establecer metas de vida que harían que Elon Musk pareciera un bueno para nada? Detesto ser portadora de malas noticias, pero la paz y la unidad no siempre son las virtudes más elevadas.

Verás, el problema en Babel no era que la gente fuera tan buena trabajando bien con los demás. Es que estaban trabajando bien con los demás para *fines nefastos*. Es como cuando mis hijos eran más pequeños y una vez estuvieron en paz durante quince minutos completos. Desaparecieron en un dormitorio y la casa quedó en silencio. Apenas sabía qué hacer con el «tiempo personal» que me permitía su pequeña sesión de unidad. Antes de que pudiera darme cuenta, se aparecieron de nuevo después de usar un rotulador Sharpie para crear dibujos en la cara del otro antes de rellenar las formas con pintura que ahora estaba untada en su pelo y su ropa. No hace falta decir que salí buscando el jabón antes de mandarlos a dos lugares diferentes de la casa. ¿Quién sabe lo que podrían haber conseguido con más tiempo, recursos y habilidades de comunicación expertas? Al igual que el padre que separa a los niños traviesos, Dios separó a las personas por su propio bien.

Sin embargo, nunca aprendemos, ¿verdad? Ahora parece que reanudamos nuestro antiguo proyecto de construcción. En la antigüedad, se utilizaban ladrillos y mortero. Hoy usamos computadoras, teléfonos inteligentes y redes sociales para intentar unir al mundo. Diferentes materiales, los mismos resultados. No obstante, en lugar de una torre hacia el cielo, hemos creado una sociedad en línea y un sistema de distribución de medios de comunicación de masas en los que prolifera la inmoralidad sexual, el culto a uno mismo, la discordia y la desinformación, con profetas de sillón que enseñan todo tipo de falsedades.

Y nuestro lenguaje sigue siendo confuso. Hablamos entre nosotros, definimos las palabras de forma diferente, valoramos el conocimiento y el significado de distintas maneras, rechazamos la lógica y celebramos todos los puntos de vista como válidos por igual (excepto los cristianos tradicionales). Es como si nos hubiéramos dispersado y confundido como el mundo pos-Babel, mientras seguimos juntos en el mismo espacio caótico pre-Babel en línea e impreso. Por eso nunca ha sido más difícil vivir como una persona dedicada a la verdad. Si vamos a ser buscadores de la verdad, tendremos que ser decididos e intencionales, con una piel gruesa y dura como las uñas. El poder de las plataformas de redes sociales es un eco moderno de un antiguo error. Aunque es cierto que las redes sociales pueden hacer mucho bien, el fenómeno también ha dado origen a un sinnúmero de blogueros y maestros de la Biblia que se han hecho a sí mismos y que pastorean a millones de seguidores. Muchas de estas personalidades se han desviado hacia el cristianismo progresista y ahora están alejando a sus rebaños del evangelio histórico. Es más, mi propia crisis de fe se produjo cuando asistí a una clase especial del pastor de mi antigua iglesia, que en ese entonces cuestionaba la doctrina cristiana. Por fortuna, en unos años Dios reafirmó mi fe mientras estudiaba los argumentos a favor de su existencia y la verdad del cristianismo, examinaba la historia de la Iglesia, leía clásicos de los primeros padres de la Iglesia y aprendía directamente de expertos en la erudición bíblica y la Escritura.

Me he dado cuenta de que los libros de mayor venta, los pódcasts y los blogs de quienes han dejado atrás el cristianismo histórico predican el «evangelio» del yo. Es más, muchas de las mentiras que analizaremos en este libro comienzan con el fundamento del yo: Para ser auténtico debo pertenecerme a mí mismo. Para ser feliz, debo ponerme en primer lugar. Para sentirme realizado, debo bastarme para mí mismo. Para tener éxito, debo controlar mi propio destino. Todas estas ideas se basan en el punto de partida del yo. Entonces, si analizamos cada mentira, veremos que el yo es un cimiento defectuoso. Es una estructura con grietas. Está rota. Cualquier cosa que construyamos encima será vulnerable a la afirmación positiva actual que nos parece adecuada en este momento. En el mejor de los casos, esto puede llevarnos a búsquedas infructuosas de significado. En el peor de los casos, puede llevarnos a la ruina. Por eso es tan importante que los cristianos nos aseguremos de que nuestro fundamento es Cristo, no nosotros mismos.

Vive tu verdad frente a vivir *la* verdad. Es una gran diferencia. El llamado a ser fiel solo a los propios sentimientos y deseos es exactamente lo contrario de las enseñanzas de Jesús y de la fe cristiana histórica. Es fácil señalar a las personas hacia sí mismas. Siempre habrá un mercado para eso. Nos encanta. Nos agrada hablar de nosotros mismos, centrarnos en nosotros mismos, mimarnos y adorarnos. Todo tiene que ver con esa molesta naturaleza pecaminosa de la que hablaremos en el capítulo 4. Sin embargo, no nos crearon para adorarnos a nosotros mismos. Nos crearon con un propósito diferente... glorificar a Dios y disfrutarlo para siempre[4]. Cualquier cosa que nos distraiga de eso no nos hará felices. Dios es nuestro Creador, y Él sabe lo que de veras nos traerá paz, gozo y felicidad. ¿Y sabes una cosa? No es un espejo ni un palo para selfis. Es Él.

Comprender nuestro propósito como humanos requerirá que nos comprometamos con la verdad absoluta. Tendremos que aprender habilidades de pensamiento crítico y examinar con sumo cuidado lo que significan nuestras palabras. No obstante, también requerirá que desaprendamos un poco. Debemos aprender a replantearnos lo que nos han inculcado desde que cantamos junto con *La sirenita* cuando por fin consiguió sus piernas, su príncipe, y todo lo que alguna vez soñó. Me gustan las películas de Disney tanto como a cualquiera, pero Ariel triunfó después de desobedecer a su padre y decidir vivir su verdad. Es un mensaje muy confuso para gente que aún no tiene los lóbulos frontales desarrollados por completo. Al fin y al cabo, como pronto descubriremos, «tu verdad» es tan mítica como el tridente mágico del rey Tritón y el reino de los tritones del que proceden Ariel y él.

3
DUENDES

«Vive tu verdad»

Puedes elegir lo que crees, Shuffler, pero no
puedes cambiar lo que es verdad.
S. D. Smith, *The Green Ember*

«Los duendes existen, mamá».

Miré con fijeza los serios ojos marrones de mi muy inteligente hija mientras hacía sus comentarios de apertura de lo que nuestra familia ahora llama solemnemente «el gran debate sobre los duendes de 2013». Hubo amargos desacuerdos. Hubo lágrimas. Hubo discusiones e impugnaciones. Evidencias y refutaciones. Fue casi un Armagedón. A los cuatro años y medio, mi analítica hija estaba convencida de que un duende visitó su clase, y no la persuadirían de lo contrario.

Me sorprendió un poco escuchar esto, pues casi nunca se le puede tomar el pelo. Quiero decir, esta es la mujer-niña que al descubrir su primer diente flojo me sentó y me informó que el ratoncito Pérez no es real. Me dijo: «Sé que las mamás lo hacen y quiero saber si puedo tener juguetes en lugar de dinero». (Resulta que el ratoncito Pérez de nuestro vecindario es terriblemente olvidadizo y lo deberían despedir de inmediato. Así que ese pequeño arreglo dio buen resultado). Además, la semana anterior, mi hija me preguntó si existían los duendes. Le aseguré que eran personajes de ficción que vivían en libros de cuentos y nada más. Pensé que lo habíamos superado.

No habíamos pasado página. Resulta que su maestra de preescolar pensó que sería divertido hacerles creer a los niños que un duende se coló en su aula durante la noche para decorarla con motivo del Día de San Patricio. A la mañana siguiente, mi hija llegó a la escuela para descubrir guirlandas verdes colgadas de los marcos de las puertas, tréboles de cartulina clavados en los tableros de anuncios y globos de colores de trébol sujetos a los respaldares de las sillas. «¡Oh, no! ¿Qué sucede?», exclamó la maestra fingiendo sorpresa. Cuando los niños no pudieron descubrir de dónde procedían todos los adornos festivos, la maestra «encontró» un zapatito negro con hebilla frente a la puerta de salida. «¿Cómo llegó *esto* aquí?», les preguntó a los niños, quienes llegaron colectivamente a la misma conclusión: un duende. Resuelto el misterio.

Mi hija vino directo a casa e hizo su gran anuncio. Los duendes, en efecto, existían... y todo el mundo tenía que aceptar esta nueva realidad. Como no quería desanimarla, le pregunté con suavidad:

—¿Cómo sabes eso?

—¡Porque un duende decoró nuestra aula durante la noche! —contestó.

—¡Vaya! —le respondí—. ¿Y cómo sabes que fue un duende?

—¡Mi maestra encontró el zapato que se le cayó mientras escapaba! —me respondió enseguida.

—Bueno, cariño, ¿recuerdas cuando te dije que no eran reales?

— ¡Sí! ¡Pero yo vi el zapato! Y... dejó *polvo de oro.*

—¿Polvo de oro?

—POLVO DE ORO.

—Está bien, escucha —le respondí—. Me parece que alguien está inventando esto.

—No. Los duendes son reales, mamá.

Lo dejé pasar por el momento, pensando que lo olvidaría y pasaría a algo más urgente, como Papá Noel. Pero no. Mi hija no. Dicen que algunos niños nacen con el alma de viejos. Mi hija tenía unos cuarenta y siete años cuando nació (no en el sentido místico de la reencarnación, sino en el de «sabia más allá de su edad»). Desde entonces, intento ponerme a su altura. Cuando cree que algo es cierto, es tan seria como la muerte. Al día siguiente, mi investigadora forense de pelo rizado y lazo se fue al colegio como si la hubiera contratado el programa de televisión *20/20* para descubrir toda la teoría de la conspiración de que «los duendes no existen». Al salir de la escuela, cruzó la puerta, metió la mano en el bolsillo de su suéter azul marino y sacó un puñado de purpurina dorada. Allí estaba. La prueba brillante, reluciente y resplandeciente. Y yo no podía hacer nada para convencerla de que la habían engañado.

No fue hasta un par de años más tarde cuando admitió que podía haberse equivocado sobre la existencia de los duendes. Su mente necesitó tiempo y experiencia para aceptar la verdad... que todo era mentira. Una pequeña mentira feliz. Piénsalo. Una niña de cuatro años con grandes ideas y pruebas brillantes, ¿qué más necesitaba para establecer su realidad?

Si somos sinceros, ¿no nos pasa lo mismo? ¿No tendemos a empezar por lo que nos parece convincente y hermoso, y luego solo buscamos las fuentes que prueban nuestra idea preconcebida de cómo es el mundo? Sin embargo, la realidad es que la verdad es la verdad sin importar cómo nos sintamos al respecto.

Los duendes existen o no existen. No importa con cuánta pasión mi hija creyera en su existencia ni con cuánta pasión yo no creyera en su existencia. Podría gritar «su verdad» sobre los duendes desde lo alto de la torre de las redes sociales, pero eso no cambiaría la realidad.

EL HIJO DEL AMOR SECRETO
DEL POSMODERNISMO

En algún momento durante la conmoción que supuso el año 2020, comenzaron a aparecer en los jardines de todo el país carteles negros con tinta de colores brillantes. Era como si un nuevo credo moral se hubiera codificado y canonizado en la conciencia de los suburbios estadounidenses. Tomadas al pie de la letra, todas las afirmaciones parecían adecuadas y buenas. El amor *es* amor. Los derechos de las mujeres *son* derechos humanos. La ciencia *es* real... etc. No obstante, de lo que mucha gente no se daba cuenta es que algunas de las palabras utilizadas en este nuevo credo se habían robado lingüísticamente y reutilizado como eslóganes para determinadas causas. Según este credo (y contrario a 1 Corintios 13), *el amor es amor* significa afirmar cualquier tipo de relación sexual que alguien quiera mantener. Los *derechos de la mujer* significan ayudar a que el aborto siga siendo legal. *Ningún ser humano es ilegal* es una manera de abogar por políticas específicas de inmigración. Que estés o no de acuerdo con esos sentimientos es irrelevante. La cuestión es que las palabras se redefinían delante de nuestras narices.

¿Cómo sucedió? Podemos agradecérselo a la década de 1960 que produjo una filosofía que se hizo muy famosa durante las próximas dos décadas, luego se desvaneció, se transformó, solo para regresar al escenario, y ahora está en el trono de la mente popular. La filosofía se llama posmodernismo, y ha infectado casi cada faceta de nuestra vida. Sobre todo, en nuestra manera de pensar y procesar la información. El posmodernismo cuestiona mucho los conceptos que definen el modernismo, como la democracia, la edad científica, la razón y las libertades individuales. Es profundamente escéptico de la verdad objetiva y sospechoso de la dinámica de poder de quienes dicen conocerlo. En otras palabras, según el posmodernismo, si la verdad objetiva existe, nadie puede decir que la conoce por completo. Si dicen conocerla, de seguro es una apropiación de poder. Creo que es justo resumir el posmodernismo con el eslogan: «Lo que es la verdad para ti es la verdad para ti, pero lo que es la verdad para mí es la verdad para mí». Vive y deja vivir.

En la década de 1960, el filósofo francés Jacques Derrida dio a luz al hijo predilecto del posmodernismo, un fenómeno llamado la deconstrucción. Para Derrida, la deconstrucción tenía que ver con la forma en que se relacionan entre sí el texto y el significado. Se mostraba escéptico respecto a que la verdad absoluta pudiera encontrarse a través del lenguaje, y pensaba que las palabras no podían reducirse a significados singulares y definidos. En su libro acerca del impacto del posmodernismo, los autores Helen Pluckrose y James Lindsay señalaron que, en opinión de Derrida, «el significado del hablante no tiene más autoridad que la interpretación del oyente y, por lo tanto, la intención no puede pesar más que el impacto»[1]. Por supuesto, no podemos seguir adelante sin señalar la ironía de un hombre que utilizó palabras para comunicar estas ideas, que estoy segura de que esperaba que la gente entendiera y aplicara según *sus* intenciones.

Ahora vemos historias de deconstrucción por todas partes. Parece que casi cada vez que abrimos nuestros canales de noticias en las redes sociales, otra celebridad cristiana ha anunciado que ha perdido su fe. A menudo, estas publicaciones van seguidas de sus «historias de deconstrucción». En este sentido, la deconstrucción significa el lento desmoronamiento de la fe de alguien a medida que muchas de las creencias con las que creció son desmanteladas y descartadas. Aunque la definición de deconstrucción de Derrida y el uso actual de la palabra *deconstrucción* pueden no significar lo mismo con exactitud, creo que la razón por la que se ha convertido en una moda es la influencia posmoderna en nuestro pensamiento colectivo. Si la verdad objetiva se considera inexistente o inalcanzable, ¿no sería de veras virtuoso deconstruir las construcciones de la realidad que nos han legado? Si las palabras pueden redefinirse para adaptarse a una presunta narrativa, ¿no sería la deconstrucción de la fe una realidad natural e inevitable para quienes han adoptado una cosmovisión posmoderna?

Gran parte de la deconstrucción que vemos en el contexto de la fe se produce en el plano del lenguaje. Se redefinen las palabras y se explican preciosas doctrinas fundamentales de la fe cristiana. En muchos casos, la *resurrección* deja de referirse a una tumba vacía y a la aparición física de Jesús tras su muerte para convertirse en una metáfora de la posibilidad de una nueva vida tras las dificultades o las tendencias destructivas. La *encarnación* ya no significa que Dios se haga carne, sino que Jesús alcance la iluminación y el misterio del Cristo cósmico[2]. La *expiación* ya no significa que Jesús muera en la cruz como sacrificio por nuestros pecados, sino que solo es una imagen de cómo perdonar a los demás. Antes de darte cuenta, has perdido el evangelio y has redefinido no solo las palabras, sino toda la cosmovisión cristiana. Se convierte en algo vacío y sin sentido, sin poder para salvar. La deconstrucción es la secuela de la guerra contra las palabras.

EXPERIMENTOS MENTALES

2 + 2 = 5

Vivimos en una época y un lugar donde muchas personas ni siquiera saben qué es la verdad. (¡Gracias, posmodernismo!). Algunos piensan que solo es una opinión o preferencia subjetiva, como su deporte, película o golosina favorita. No obstante, lo cierto es que la definición de la verdad es muy simple: La verdad es un pensamiento, una declaración o una opinión que se ajusta a la realidad. Eso es todo. Si lo que decimos, pensamos o creemos se ajusta a la realidad, es verdad. Si no es así, no lo es. La verdad es cierta para todas las personas, en todos los lugares y en todos los tiempos. También es algo que no se puede inventar, idear o crear. Es algo que se *descubre*. No cambia, por mucho que cambien las creencias de la gente al respecto. La verdad no se altera por cómo hace sentir a alguien. La verdad no se afecta en absoluto por el tono y la actitud de la persona que la profesa. Una mentira sigue siendo mentira aunque se comunique con humor y la cantidad precisa de extravagancia. Por ejemplo, un gran tonto puede gritar una verdad llena de obscenidades, mientras que una persona dulce y divertida puede declarar de manera convincente una mentira conveniente.

Hagamos un experimento. Piensa en la proposición 2 + 2 = 4. Es cierta en todos los continentes, en todas las épocas y en todas las culturas. Es cierta incluso si alguien cree firmemente que no lo es. (Siéntete libre de buscarla en Google, pero prepárate para que te absorba el vórtice de interminables divagaciones sin sentido sobre la opresiva dinámica de poder de las matemáticas). Si dos rocas caen en una zanja vacía en medio del bosque, y dos rocas más caen en la misma zanja, habrá cuatro rocas, aunque ningún humano esté allí para observarlo o explicarlo. Así es que funciona la verdad. Puede que no nos guste, pero lo que nos gusta o no nos gusta no tiene ningún efecto sobre lo que es de veras cierto.

Galletas versus bizcochos de chocolate

¿Cuál es el mejor postre? ¿Tarta? ¿Helado? ¿Bizcochos de chocolate? ¿Galletas? Si eligieras tarta *con* helado, tendrías razón. Bueno, lo cierto es que solo significa que quizá seas una persona genial y que podríamos ser amigos de comida. Sin embargo, en realidad, no existe el «mejor postre». Solo hay opiniones de lo que cada persona *piensa* que es el mejor postre. Esto se debe a que «el mejor postre» no está en la categoría de la verdad objetiva. La conclusión de que «la tarta con helado es lo mejor» solo es mi opinión. Es mi preferencia. No depende de nada fuera de mi cabeza. Se basa en mí, el sujeto. Parece una oportunidad perfecta para decir: «Esta es mi verdad». Sin embargo, me limitaría a decir lo que *creo* que es verdad sobre el mejor postre. Ni siquiera es en sí *mi verdad* porque sea cierto para todo el mundo en todo tiempo y lugar que yo, Alisa Childers, creo que la tarta y el helado son el mejor postre. Por eso la verdad subjetiva no existe en realidad[3].

Piénsalo de esta manera. Si digo: «La verdad es subjetiva», me contradigo. ¿Por qué? Porque la afirmación «La verdad es subjetiva» es una declaración acerca de la realidad objetiva. Afirma que es objetivamente cierto que la verdad es subjetiva... lo cual, si es verdad, significa que hay al menos una verdad objetiva... lo que significa que la afirmación es falsa. (Está bien tomarse un momento y leer esa última frase unas cuantas veces más).

LA VERDAD IMPORTA

Sé que prometí que este libro compararía las mentiras populares con lo que dice la Biblia. ¿Y qué tiene todo esto que ver con la Biblia? En este capítulo, ha tardado un minuto en llegar hasta aquí.

En primer lugar, si no tenemos un marco sobre el cual defender la idea de que las palabras tienen significado y que es posible conocer la verdad, podríamos tirar nuestras Biblia por la ventana y hacer lo que queramos. Eso es lo que hay. Sin embargo, la Biblia también tiene mucho que decir acerca de la realidad. Es más, el cristianismo es un sistema de creencias que se basa en la verdad objetiva. No solo es un conjunto de enseñanzas, una filosofía o un estilo de vida. No solo es una colección de rituales, mantras, sacramentos y afirmaciones. El cristianismo consiste en depositar una confianza activa en la persona de Jesús y en la reconciliación con Dios que Él nos aseguró en la cruz. Todo esto depende de que la resurrección de Jesús es algo que sucedió en realidad, una verdad objetiva. Esto es lo que quiero decir. En la Biblia, los milagros (y de manera específica la resurrección) se denominan «señales».

Hebreos 2:4 nos dice que estas señales, prodigios y diversos milagros fueron la manera en que Dios confirmó o dio testimonio del mensaje de salvación que trajo Jesús. En esencia, estas señales sirven como evidencia de que el cristianismo es verdadero. En 1 Corintios 15, Pablo dedica casi todo el capítulo a defender la verdad de la resurrección. Comienza diciendo que su propósito al escribirles a los cristianos de Corinto es recordarles el evangelio. Transmite un credo que tiene unos veinte años cuando escribe esta carta, en el que la resurrección de Jesús figura como una de las creencias fundamentales que definen esta buena nueva que está tan deseoso de proclamar. Tras declarar que la resurrección no es negociable, Pablo llega a afirmar que, sin ella, nuestra fe sería vana. En otras palabras: «Si Cristo no resucitó, vuestra fe es vana; aún estáis en vuestros pecados» (versículo 17, RVR60).

Llegados a este punto, es posible que pienses que Pablo nos pide que creamos en un milagro que se supone que sucedió hace más de dos mil años solo porque dice que fue así. ¿Cómo podemos saber que dice la verdad? Es una pregunta justa, y por fortuna, existen evidencias históricas de fuentes no cristianas que pueden llevarnos a concluir de manera razonable que la resurrección ocurrió en realidad. Incluso si nunca abriste una Biblia, podrías aprender algunos detalles sobre la vida de Jesús de una serie de antiguas fuentes griegas, romanas y judías dentro de un par de cientos de años de su vida[4].

Debido a que tenemos acceso a estas fuentes antiguas, así como a los relatos históricos que se encuentran en los Evangelios, ciertos hechos históricos alrededor de la resurrección de Jesús son prácticamente indiscutibles. El Dr. Gary Habermas, historiador y estudioso del Nuevo Testamento, está considerado por muchos como uno de los académicos más destacados en el estudio de la resurrección. Recopiló más de mil obras académicas críticas sobre la resurrección de Jesús escritas entre 1975 y 2003. Descubrió algunos hechos interesantes en los que prácticamente todos los estudiosos, desde los liberales extremistas hasta los muy conservadores, estaban de acuerdo. Aquí hay cuatro de ellos:

1. Jesús murió por crucifixión romana.
2. Los discípulos de Jesús creyeron que resucitó de entre los muertos y se les apareció, y estaban dispuestos a sufrir y morir manteniendo esas creencias.
3. Pablo, perseguidor de la iglesia, se convirtió en cristiano de repente tras tener una experiencia con quien creía que era el Cristo resucitado.
4. Santiago, escéptico y hermano de Jesús, se convirtió de pronto tras ver a su hermano resucitado.

Habermas también señaló que alrededor de tres cuartas partes de los eruditos están de acuerdo en que la tumba de Jesús fue encontrada vacía[5]. Se podría pensar que los eruditos bíblicos ateos y escépticos se burlarían de estas realidades históricas, pero estos hechos siguen siendo prácticamente indiscutibles. Por ejemplo, el Dr. Gerd Lüdemann, erudito e historiador alemán del Nuevo Testamento, creía que gran parte del Nuevo Testamento no es confiable desde el punto de vista histórico. A pesar de su escepticismo, escribió: «Se puede considerar históricamente cierto que Pedro y los discípulos tuvieron experiencias después de la muerte de Jesús en las que Él se les apareció como el Cristo resucitado»[6]. De la misma manera, el famoso erudito escéptico Dr. Bart Ehrman observó:

> Existen dos realidades históricas que no se pueden negar. Los seguidores de Jesús afirmaron que Jesús resucitó. Si no hubieran afirmado eso, no tendríamos el cristianismo. Así que lo afirmaron. Además, afirmaron que sabían que resucitó precisamente porque algunos de ellos lo vieron vivo de nuevo después. Nadie lo puede dudar[7].

Aunque la mayoría de los eruditos están de acuerdo en los hechos, no están de acuerdo sobre cómo explicarlos. Algunos han tratado de explicar esta evidencia con diferentes teorías[8], pero la explicación que tiene más sentido es que Jesucristo resucitó de entre los muertos. Como muchos otros antes que yo han señalado, nadie estaría dispuesto a sufrir y morir por lo que sabe que es mentira. Dado que las Escrituras enseñan que el cristianismo se sostiene o cae basado en la realidad de la resurrección, ¿puedes ver por qué es tan importante vivir de acuerdo a la verdad? ¿No es evidente por qué no podemos sentarnos y dejar que la gente redefina estas palabras, convirtiéndolas en metáforas de nuestra mejor vida actual? Defender el evangelio requiere defender la verdad objetiva. No hay forma de evitarlo. El cristianismo se basa en la verdad.

COMPAREMOS

Piensa en todo lo que hemos aprendido hasta ahora en este capítulo sobre la naturaleza de la verdad. Compáralo con otras citas de escritores populares:

Cuando usamos el lenguaje del adoctrinamiento (con sus *se debe* y *no se debe, el bien y el mal, lo justo y lo injusto*), activamos nuestra mente. Eso no es lo que buscamos aquí. Esto se debe a que nuestra mente está contaminada por nuestra instrucción. Para ir más allá de nuestra instrucción, necesitamos activar nuestra imaginación. Nuestra mente crea excusas; nuestra imaginación crea historias[9].

Carezco de toda objetividad. Evalúo el mérito de cada idea basándome en cómo afecta a las personas reales[10].

Si te sientes atrapado por tu identidad porque sabes que te hace daño, libérate y haz el trabajo de reclamar la verdad que te conviene ahora. Nadie más que tú puede definirte[11].

Para crecer, relajarnos, encontrar la paz y ser valientes, debemos ser testigos de cómo una mujer cada vez hace lo que es revolucionario para ella: vivir su verdad sin pedir permiso ni ofrecer explicaciones[12].

Observa cómo el autor de la primera cita instruye a los lectores a pasar por alto la mente, la parte de su ser responsable de evaluar las ideas, comprometerse de manera intelectual y discernir la verdad del error. En el contexto del bien y del mal, anima a su público a utilizar la imaginación, lo que no es necesariamente malo, a menos que la imaginación esté desvinculada de la mente racional y lógica. Para mí, la imaginación es válida (hola... artista informal), pero la imaginación puede volverse oscura y fea en un segundo si no se basa en la verdad. ¿Te imaginas los horrores que se podrían cometer si alguien se tomara este consejo al pie de la letra? Como veremos en el próximo capítulo, poseemos un corazón caído. Nos miente y nos lleva por el mal camino. Una imaginación alejada de la verdad objetiva es una receta para el desastre.

La segunda y tercera citas en la página 28 reflejan un sentimiento que muchos líderes del pensamiento popular repiten a menudo. Los autores admiten que determinan la verdad en función de cómo les hace sentir a ellos o a otra persona. Si una enseñanza hace que alguien se sienta negativo, incómodo o perjudicado, puede considerarse falsa y no tenerse en cuenta. Sin embargo, ¿te imaginas si los padres de niños pequeños siguieran este consejo?

TRES PREGUNTAS PARA HACER AL ANALIZAR IDEAS

Tu verdad	La verdad
¿Se te pide que prescindas de tu mente o de tu pensamiento racional?	¿Esta afirmación o situación se basa en la realidad objetiva?
¿Se considera que la imaginación es superior y está separada de la mente lógica y racional?	¿Utilizas tu imaginación sin dejar de acceder a tu mente lógica y racional?
¿La verdad en esta situación depende de cómo te hace sentir a ti o a otra persona?	¿La verdad en esta situación depende de lo que dice la Palaba de Dios?

INSECTOS DEL AZÚCAR

Cuando mi hijo era pequeño, le salió una carie en uno de los últimos molares. El dentista nos informó que tenía que eliminar el «insecto del azúcar» que se había instalado en las pequeñas y dulces muelas de mi hijo. Cuando llegó el momento de perforar (quiero decir, lavar) dicho insecto del azúcar, mi hijo se puso ansioso y agitado. Aunque el dentista intentó suavizarlo con palabras divertidas (Dios lo bendiga por intentarlo), la verdad seguía ahí: Habría agujas y torno dental, y tal vez algo de dolor e incomodidad. Me resultó muy difícil mantener la calma mientras el zumbido del torno alcanzaba su punto crítico y los ojos de mi hijo se abrían de par en par y me miraba en busca de ayuda. Aun así, no lo podía rescatar. Sabía que, si no tratábamos la caries ahora, causaría un deterioro mucho mayor más adelante y provocaría todo tipo de problemas de salud.

Sin embargo, mi hijo no sabía esto, pues no tenía toda la información. Lo único que sabía era que esto daba miedo, era raro y un poco doloroso. Me imagino que si las manos del dentista no hubieran estado en su boca, mi hijo habría gritado: «Mamá, ¿por qué dejas que me haga esto? ¡No me gusta!». Si yo, como su madre, supiera que esta leve angustia mitigaría una lesión más importante, sería un gesto de amor solo decirle: «Muy bien, hijo. Es cierto que esto te está afectando de forma negativa; entonces, ¿por qué no vives tu verdad y evitas a los dentistas? Hazlo como quieras». Por supuesto que no. ¿Cuánto más sabe nuestro Padre celestial sobre las circunstancias a las que nos enfrentamos?

La verdad es que algunas enseñanzas bíblicas son difíciles. Nos hacen sentir incómodos. Nos llaman a negarnos a nosotros mismos y a preferir a Jesús incluso por encima de nuestra familia y amigos. Se involucran en nuestra vida sexual, nuestras relaciones y nuestra identidad. Al contrario de la cuarta cita en la página 28, no es valiente ni revolucionario negar *la* verdad para hablar *tu* verdad. No te ayudará a crecer, relajarte ni encontrar la paz. Puede que te sientas bien durante un tiempo, pero al final solo te traerá ansiedad, dolor, depresión y agotamiento. En última instancia, no facilitará la paz con Dios, que es la única paz verdadera que existe.

SUJETADOS

No creo que sea exagerado decir que nunca ha habido un momento en la historia en el que sea más importante para nosotros estar sujetos a la verdad. Mis hijos forman parte de una generación llamada generación Z que es, en esencia, todos los nacidos a partir de finales de la década de 1990. Un estudio reciente concluye que la mayoría de la generación Z cree que la moralidad cambia con el tiempo. Esto significa que la visión dominante de la próxima generación es lo que se denomina relativismo moral. Cuando se trata de pensar en categorías como el bien y el mal, lo que se debe y lo que no se debe, y lo bueno y lo malo, la mayoría de los jóvenes han adoptado el mantra cultural: «Vive tu verdad». El estudio también mostró que la generación Z está más dispuesta a revelar sus sentimientos internos y a pedir ayuda con su salud mental que cualquier otra generación de la historia. Al mismo tiempo, el ochenta y dos por ciento afirma haber experimentado al menos un incidente traumático[13], con mecanismos de afrontamiento que van desde conectarse con amigos y familiares hasta recurrir a los medios digitales. Si a eso le sumamos el estrés de la escuela y el trabajo, los ciclos de noticias que cambian más rápido de lo que uno puede parpadear, una vida social ocupada, el ritmo frenético de la década de 2020 (por no mencionar una pandemia que mezcló todas esas categorías en una), tenemos una generación agotada por completo. Es más, el cansancio es la emoción negativa que se ha reportado con más frecuencia entre este grupo de edad.

Puede parecer que estoy apostando por la próxima generación, pero lo cierto es que me siento muy optimista en cuanto a la generación Z. Y aunque sería fácil culpar a «esos chicos malos», ¿no podemos todos identificarnos con esto? El paso al relativismo moral no se produjo en el vacío. Sin duda, existen diferencias entre lo que piensan, sienten y creen las distintas generaciones, pero según la torre de balbuceo de las redes sociales se eleva cada vez más, nos encontramos más conectados, más expuestos a los pensamientos y sentimientos de otros, y más susceptibles a los patrones culturales que tratarían de unirnos en nuestras tendencias comunes.

Entonces, ¿qué ocurre cuando la gente ha cambiado la verdad por el relativismo, está traumatizada y cansada, y busca formas de mejorar su salud mental? Tienes una industria lista para venderles un montón de materiales que les ayuden a encontrar todo lo que necesitan en lo más profundo de sus corazones.

De acuerdo. Es hora de arrancar la tirita. Lector, estoy aquí para decirte: No eres suficiente.

4
PALETAS

Tú eres suficiente.

«¡Venga, señor Frodo! —llamó—. No puedo
llevarlo por usted, pero puedo llevarlo
a usted».

J. R. R. Tolkien, *El retorno del rey*

El centro comercial es un lugar idílico para una madre primeriza con un bebé de dos meses. Una vez, durante un viaje a mi
galería local, me senté alegremente en un banco para contem-
plar la cara de mi bebita y darle la oportunidad de mirar a su
alrededor y observar todos los estímulos sensoriales que esperaban transformarla en una pequeña Einstein.

Es una broma. Me senté porque no podía dar un paso más
sin desmayarme de agotamiento con los zapatos ortopédicos
que llevaba para ayudar a redistribuir parte del exceso de peso
que ahora me aplastaba los huesos del pie con cada zancada.
También me detuve porque mi pequeñita no estaba disfrutando
de nuestra aventura de compras. Llevaba lloriqueando desde
que me atreví a atarla a la silla del auto para conducir hasta allí.
A mi hija, de espíritu libre, no le gustaba estar sujeta por cin-
turones de seguridad, cochecitos, sillas mecedoras, columpios o
cualquier otra cosa que no fueran mis brazos.

Miré la única camiseta que me pude poner, la descolorida
camiseta extragrande de mi esposo, y me pregunté cómo me

las había arreglado para engordar treinta y seis kilos durante el embarazo. Quiero decir... no me lo preguntaba en realidad. Sabía que era el queso. Y los dónuts. Y el helado. Y el pan y la mantequilla. Y las comidas tan grandes como para alimentar a un grupo de futbolistas. Solo supuse que el peso desaparecería como por arte de magia cuando naciera el bebé. Me imaginaba como una de esas lindas mamás que se atan a sus pequeños al pecho con pañuelos de tela orgánicas mientras hacen recados y ejercicios en el gimnasio. Entonces, nació mi pequeñita. Por supuesto, no pesó treinta y seis kilos, así que tuve que cargar con las consecuencias de nueve meses de raciones extra de puré de papas.

Miré a unas señoras que salían de una tienda de ropa de moda. Tenían el cabello peinado a la perfección y parecían que acababan de grabar un tutorial de maquillaje en YouTube. Mi mente estalló en pensamientos confusos a medida que aumentaba mi ansiedad. *Solo quiero sentirme normal. Apenas puedo aguantar. ¿Volveré a usar ropa normal algún día? ¿Dejará mi niña de llorar alguna vez?*

No me malinterpretes. No cambiaría los primeros dos meses de vida de mi hija por nada. Fueron mágicos en todos los sentidos, pero al mismo tiempo, me había pasado treinta y tres años cuidando solo de mí. Si necesitaba un descanso, podía tomármelo. ¿Una merienda? Podía tomarla. ¿Una siesta? Podía disfrutarla. Si necesitaba dormir hasta tarde, ir de compras, pagar facturas, dar un paseo, hacer ejercicio, ver una película, ir a comer con una amiga o dedicarme a una nueva afición, podía hacerlo sin más que planificar un poco el calendario (para lo que también tenía tiempo de sobra). Por primera vez me vi obligada a darme cuenta de lo egoísta y centrada en mí misma que había sido toda mi vida. Ahora estaba veinticuatro horas al día, siete días a la semana, a merced de las necesidades de este pequeño ser humano, y me sentía agotada por completo.

Años más tarde, encontré un artículo dirigido «a todas las madres agotadas». Me llamó la atención, pues detallaba a la perfección lo que yo viví como madre primeriza. Describía a una mamá escondida en su baño para tener un momento de paz y llorar en secreto. (¿No fui la única que lo hacía?). Contaba acerca de una mamá que perdía los estribos y se sentía como la mayor tonta del mundo. (Culpable también). Había descripciones de una madre que se sentía sola, se atiborraba de comida, pedía pizza porque estaba demasiado cansada para cocinar y experimentaba un gran fracaso cuando intentaba ponerse sus vaqueros viejos. (Sí, sí, verifico, y sí). Y entonces llegó la gran revelación. La respuesta a todos estos problemas. El sentimiento que le daría la vuelta a todo el asunto y animaría a todas las madres. ¿Estás preparada? El remate que cambiaría tu vida era este: *Eres suficiente.*

¿Eso es todo? ¿Esa es la gran noticia? Me reí para mis adentros al pensar en lo insustancial que habría sido este artículo si lo hubiera leído en medio de la nueva maternidad. Tampoco ayudó que el enorme anuncio a la derecha del artículo incluyera la foto de una supermodelo brasileña en bikini. Quiero decir... nada hará que una madre primeriza se sienta mejor consigo misma que la aborde visualmente una chica de diecisiete años semidesnuda, sin estrías ni piel flácida en el vientre. Entonces, en serio, ¿soy suficiente? A primera vista, ese no es un mensaje de libertad. Es un mensaje de esclavitud. «Tú eres suficiente» es un mensaje que esclaviza a las personas a la falsa idea de que tienen la responsabilidad de ser los autores intelectuales de sus circunstancias actuales y realidades futuras, incluso cuando se sienten abrumadas. Les impone la obligación de ser la fuente de su propio gozo, contentamiento y paz. Esa afirmación me hizo pensar en una época anterior en la que pensaba que controlaba mi tiempo, mi agenda y mi destino. Todo *eso* me hizo egoísta, autosuficiente y centrada en mí misma.

No me malinterpretes. Es muy valioso recordarles a las mujeres que Dios las diseñó de conocimientos intuitivos, cualidades protectoras e instintos maternales naturales. Dios diseñó el cuerpo de la mujer de manera maravillosa para gestar, dar a luz y alimentar a un bebé. De la misma manera, diseñó a los hombres de formas específicas que los hacen ser protectores, trabajadores y proveedores por naturaleza. Dios nos crea a todos con ciertos talentos, personalidades y fortalezas que nos equipan para cumplir un propósito muy específico. (Hablaremos más de esto en el capítulo 12). Sin embargo, eso no significa que cada persona sea suficiente para sí misma.

Convertirme en madre me golpeó en la cara al darme cuenta de que no soy suficiente en el nivel más profundo. Nunca lo he sido. Desafió todas mis ideas de perfección. Me quitó todas las ilusiones de que de alguna manera podría sacar de lo más profundo de mi propia bondad y darle a mi hija todo lo que necesitaba. No podía, y sigo sin poder, pues no soy suficiente. Me di cuenta muy pronto de que, aunque fuera la mejor madre del mundo, haría muchas cosas mal. Perdería oportunidades y las desperdiciaría en el departamento de la maternidad más a menudo de lo que me gustaría admitir.

Por eso, sin embargo, darme cuenta de que no soy suficiente es *en realidad la mejor noticia del mundo*. Verás, Jesús es suficiente, y eso es suficiente para mí. Llegaremos a eso en un momento, pero por ahora, sujétate el sombrero porque se va a poner un poco accidentado nuestro camino hacia la libertad.

¿POR QUÉ ESTO PARECE TAN BUENO?

En 1859 se publicó por primera vez el libro *Ayúdate* (y luego se acuñó el término «autoayuda») por el autor Samuel Smiles, un elegante escocés de patillas tupidas, y pronto se convirtió en un superventas. Quizá se debiera a que trataba el tema favorito de todos: nosotros mismos. Es más, la autoayuda se ha convertido en uno de los géneros de libros más vendidos, y la industria de la autoayuda es una empresa de miles de millones de dólares que no muestra señales de desaceleración[1]. Tras el movimiento de autoestima que cobró gran fuerza a través de los medios de comunicación cristianos a mediados del siglo veinte[2], se nos ha condicionado a pensar que si nos amamos más a nosotros mismos, todo irá mejor.

Esto se debe a que «eres suficiente» se basa en el supuesto de que las personas son, en esencia, *buenas*. Piénsalo. Si eso fuera cierto, todo lo que necesitaríamos es sumergirnos en lo profundo de nuestros corazones y almas, y de todas las virtudes que esperan ser descubiertas. Podríamos tirar de nuestra ilimitada reserva de creatividad, poder, belleza, verdad y bondad. Si eso fuera cierto, *seríamos* suficientes. Si alguien está luchando de veras con su identidad, su valía y hasta su salud mental, ¿no tiene sentido señalarle lo maravilloso que es? Según una investigación reciente, el ochenta y un por ciento de los dos mil estadounidenses encuestados creen precisamente eso[3].

Todo parece muy positivo y afirmativo, pero en el fondo sabemos que los humanos no somos buenos en esencia. Todos los padres lo saben. Por ejemplo, tan pronto como los niños aprenden a hablar, los niños saben mentir de manera intrínseca. Saben ser egoístas, engañar, robar y pegar. Les sale de forma natural. En realidad, hay que enseñarles a no mentir, a no ponerse a sí mismos en primer lugar, a no hacer trampa, a no tomar las cosas de otras personas y a no resolver sus problemas con violencia. Si crees que me lo estoy inventando, pon a prueba esta idea dándole un hermanito o hermanita a tu hijo único y lo comprobarás. ¿Soy yo la única persona cuyos hijos se desinteresan al cien por cien por un juguete concreto *hasta* que el otro hermano quiere jugar con él? De repente, se convierte en la posesión más importante de su vida y puede desencadenar una guerra doméstica.

LA PARTE MALA

El movimiento de autoestima y autoayuda no puede explicar esto, pero la Biblia sí. Es un principio que los teólogos llaman depravación humana y, en esencia, significa que las personas están predispuesta de forma natural a querer salirse con la suya, servir a sus propios deseos y resistirse a dejar que Dios tome el control de sus vidas. Sin embargo, no siempre fue así. Para comprender la depravación humana, debemos entender el propósito original de los seres humanos. Y para comprender nuestro propósito, hablemos de las paletas o helados.

Cuando era niña, mi mamá tenía uno de esos moldes de plástico para hacer paletas heladas caseras. Consistía en seis copas rectangulares huecas y cada una albergaba un mango extraíble que parecía una pequeña espada. Estaba muy bien diseñado para permitirte congelar cualquier líquido dulce que se vertiera dentro y luego sacarlo con facilidad agarrando los mangos/tapas/espadas. Mi mamá era una fanática estricta de los alimentos saludables, así que, por lo general, nuestras paletas se hacían con jugo de naranja sin azúcar o leche mezclada con miel. Mientras que los niños de los vecinos siempre tenían las paletas baratas que se compran en la tienda y están llenas de azúcar blanca, deliciosos químicos y colorante rojo, yo tomaba mi insípida paleta de jugo hecho a mano y salía a jugar bajo el seco calor del verano de California. Las paletas de jugo y de leche no eran tan malas, pero mentiría si dijera que no pasé muchos días de verano tranquilos mirando con nostalgia las paletas Big Sticks, Push-Ups y Rocket Pops de mis amigos.

Un caluroso día de julio, decidí hacer mi propia tanda de paletas. Vertí leche y jugo de naranja en los moldes porque tuve la brillante idea de hacer «palenaranjas», sin darme cuenta de que había que endulzar la leche. Abrí el cajón donde esperaba que estuvieran mangos/tapas/espadas, pero no estaban allí.

Busqué en todos los cajones y armarios de la cocina, pero no los encontré por ninguna parte. (Cuando tienes cuatro niños en la misma casa, lograr que todos devuelvan su palito de paleta al lugar de plástico que le corresponde se consideraría un verdadero milagro). Así que tuve que ser creativa. Saqué seis cucharillas del cajón de los cubiertos y metí una en cada uno de los moldes que contenían la mezcla cremosa. Los metí en el congelador y esperé a que se solidificaran. Al cabo de unas horas, las saqué, agarré la punta de una de las cucharas y tiré. La cuchara se deslizó limpia y sin paletas. *¡Ay!* Las vuelvo a poner en el congelador para que se endurecieran un poco más antes de probarlas. Esta vez fui más cautelosa. Con cuidado la saqué del envase y, *voilà*, en mis manos tenía una paleta congelada de naranja sin sabor.

Cuando comencé a explorar mi creación, encontré algunas dificultades. En primer lugar, el mango era demasiado corto porque la parte superior de la cuchara se había hundido hasta el fondo del molde antes de que la mezcla se congelara, dejando nada más que una pequeña punta a la que agarrarse. Debido a esto, la paleta derretida rápidamente comenzó a gotear sobre mis dedos y mis manos. No había nada que estabilizara la cuchara en el medio del molde, por lo que se congeló en un ángulo torcido. Como comía de arriba abajo, me resultaba difícil mantenerlo uniforme por ambos lados y, al final, la mitad de la paleta se cayó de la cuchara. El resto también se cayó enseguida. ¿La moraleja de la historia? Las cucharas son fantásticas si necesitas recoger comida y llevártela a la boca. Ese es su propósito. En cambio, son pésimas para usarlas como palitos de helado.

Asimismo, los seres humanos se crearon de una determinada manera para un determinado propósito. Cuando intentamos vivir de una manera que no se ajusta a nuestro propósito, somos como esa cuchara disfrazada de palito de helado, y las cosas nunca funcionarán bien. Claro, puede que consigamos seguir vivos, hacer algunas cosas buenas en el mundo e incluso encontrar el amor y cierta medida de felicidad. Sin embargo, no daremos en el blanco de lo que nos motiva en realidad... de lo que nos satisface y nos hace sentir completos.

Génesis 1:26 nos da una pista acerca de nuestro propósito final. «Dijo Dios: Hagamos al hombre a nuestra imagen, conforme a nuestra semejanza». Desde el principio, vemos que el ser humano se creó de forma diferente a las plantas, los animales, las rocas y el agua. A diferencia de esas otras creaciones, fuimos hechos a imagen y semejanza de Dios mismo. Esto significa que todas y cada una de las personas que han vivido alguna vez tienen cierta dignidad, valor y mérito. *Pero* (sí, hay un gran «pero») cuando Adán y Eva decidieron alejarse de Dios y perseguir sus propios deseos comiendo del árbol de la ciencia del bien y del mal, desencadenaron el mal (en otras palabras, *el pecado*) en el mundo. Entonces, tuvieron hijos. Sus hijos tuvieron hijos. Así como Adán y Eva fueron hechos a imagen de Dios, sus hijos fueron hechos a imagen de Adán y Eva. Por lo tanto, la imagen de Dios no se perdió. Se transmitió, pero desfigurada. Esta naturaleza pecaminosa pasó a sus descendientes.

Para decirlo en lenguaje de paleta, vivir nuestro propósito original es como tratar de usar un mango/tapa/espada de palito de paleta que se deformó con el calor del lavavajillas. Tenemos el utensilio adecuado para el trabajo apropiado, y la imagen de para qué se hizo aún permanece. Sin embargo, perdió su forma perfecta y, por tanto, su capacidad para cumplir su verdadero propósito. Puedes intentar meter el mango dentro del molde plástico mientras repites el mantra: «¡Tú eres suficiente!». Al final, en cambio, no funcionará bien. Esto se debe a que su imagen se corrompió, y hasta que no se enderece de nuevo, no será capaz de servir como se pretende como un palito de paleta.

LA PARTE DEFORMADA

Las Escrituras no se andan con rodeos cuando se trata de nuestra verdadera condición. El apóstol Pablo escribe en Romanos 5:12 que el pecado y la muerte humana entraron en el mundo por un solo hombre, Adán. Debido a esto, «la muerte se extendió a todos los hombres, porque todos pecaron». Génesis 8:21 nos dice que «la intención del corazón del hombre es mala desde su juventud». El Salmo 14:2-3 dice que Dios mira desde el cielo para ver si hay alguien que haga el bien, pero no hay ni siquiera uno. De Jeremías 17:9 aprendemos que «más engañoso que todo, es el corazón, y sin remedio». Eclesiastés 9:3 describe los corazones de los hombres como llenos de maldad y locura. Esto significa que cada persona que alguna vez ha vivido ha distorsionado la imagen de Dios que se le ha estampado. Esa es una dura verdad. (Es la parte de «no eres suficiente»).

Comparemos

De acuerdo. Hagamos una pausa. Sé que esto es deprimente, pero prometo que pronto llegaremos a la parte buena. Antes, en cambio, comparemos las afirmaciones bíblicas anteriores con citas de algunos libros recientes publicados por cristianos confesos:

Soy exactamente suficiente[4].

Te mereces la bondad[5].

Estudié el evangelio y finalmente comprendí la sabiduría divina, valiosa y suficiente... tal como soy[6].

Cuando se trata de la naturaleza humana, ¿ves la diferencia entre el sombrío panorama que describe la Biblia y el optimista exagerado que describen algunos escritores modernos? No solo es un poco diferente. Es todo lo contrario. Felizmente, la Biblia también puede explicar por qué es así. Es más, todo el primer capítulo de Romanos está dedicado a demostrar este fenómeno. ¿Quieres conocer al pie de la letra la historia original de cada religión falsa, filosofía errante e ideología equivocada? Dios habló a través del apóstol Pablo para darnos una pista. En el versículo 19, explica que cualquiera que haya vivido alguna vez puede mirar al mundo y saber que Dios existe. Sin embargo, la cosa no termina ahí. Podemos aprender ciertas características sobre Él y sobre cómo actúa en el mundo. Así es. Nadie que haya nacido carece de acceso al conocimiento de Dios, aunque nunca haya oído hablar de la Biblia. Es más, Pablo dice que esta revelación es bastante clara. Es clara a la perfección. En el versículo 20, escribe: «Sus atributos invisibles, su eterno poder y divinidad, se han visto con toda claridad, siendo entendidos por medio de lo creado». Pablo continúa explicando que por eso ningún ser humano puede poner excusas cuando se trata de rechazar a Dios.

El Salmo 19 ilustra este punto de manera maravillosa: «Los cielos proclaman la gloria de Dios, y la expansión anuncia la obra de sus manos. Un día transmite el mensaje al otro día, y una noche a la otra noche revela sabiduría» (versículos 1-2). Pablo parte del hecho de que la gente ya conoce a Dios. Por eso, cuando deciden alejarse de Él, es porque se niegan a honrarlo como Dios. Entonces, les da lo que quieren: les permite adorar a la creación en lugar de al Creador. Muy a menudo, solo se vuelven hacia adentro y se adoran a sí mismos. Esa es toda religión falsa en pocas palabras.

Sin embargo, esto no está exento de consecuencias. Esto despierta le ira del Señor hacia ellos, pues no hacen esto en la ignorancia. Ignoran de manera voluntaria y con conocimiento de causa la verdad para perseguir sus mentiras. Quizá por eso el apóstol Pablo lo explique de la manera en que lo hace en Efesios 2:1-3 (NBLA):

> Él les dio vida a ustedes, que estaban muertos en sus delitos y pecados, en los cuales anduvieron en otro tiempo según la corriente de este mundo, conforme al príncipe de la potestad del aire, el espíritu que ahora opera en los hijos de desobediencia. Entre ellos también todos nosotros en otro tiempo vivíamos en las pasiones de nuestra carne, satisfaciendo los deseos de la carne y de la mente, y éramos por naturaleza hijos de ira, lo mismo que los demás.

¡Vaya! Qué diferencia. La cultura nos dice que tú y yo debemos pensar: *Yo soy suficiente*. La Biblia dice que, por naturaleza, soy un «hijo de ira».

LA PARTE BUENA

De acuerdo. Prometí que llegaríamos a la parte buena y aquí estamos. Pablo nos dijo que por naturaleza ni siquiera nos acercamos a ser suficientes (¿alguien sabe si somos hijos de la ira?). Sin embargo, nos da buenas noticias en 2 Corintios 5:21, cuando dice que, aunque Jesús «no conoció pecado», Dios lo hizo pecado (por su muerte en la cruz) para que «fuéramos hechos justicia de Dios en Él». En otras palabras, Jesús cubrió nuestra insuficiencia para hacernos *suficientes* ante Dios. Así es: *Jesús es suficiente*, y cuando ponemos nuestra fe y confianza en Él, encontramos paz con Dios.

No tienes que ser suficiente, pues Jesús ya lo es. Lo explica con claridad en Juan 15, cuando se compara con una vid. Los que creen en Él son como sarmientos que crecen de esa vid y dependen de ella. Jesús nos dice que cuando permanecemos en

Él y Él permanece en nosotros, daremos buenos frutos. En la naturaleza, una rama que se corta de su vid muere enseguida. Nunca dará fruto por sí misma. No es suficiente. Lo mismo sucede con nosotros los humanos. Jesús nos explica por qué es así: «Porque separados de mí, nada podéis hacer» (versículo 5).

¿Recuerdas el Salmo 14, que describe que Dios mira desde el cielo y no encuentra ni una sola persona buena? En Romanos 3:10-12, Pablo cita ese salmo y, varios versículos después, dice que todos somos culpables: «Por cuanto todos pecaron y no alcanzan la gloria de Dios» (versículo 23). Entonces, poco después, Pablo entra al galope en la historia con una noticia buena de verdad. Romanos 5:1 nos dice: «Justificados por la fe, tenemos paz para con Dios por medio de nuestro Señor Jesucristo». Ya sea que ganemos o perdamos, encontremos felicidad o sufrimiento en esta vida, alcancemos nuestras metas profesionales o nos quedemos sin hogar, podemos lograr el propósito para el que nos crearon: encontrar la paz con Dios, adorarlo y disfrutar de Él para siempre. Nunca serás lo suficientemente bueno, inteligente, ambicioso, atlético, disciplinado, fuerte, bondadoso, amoroso, honesto, dotado, fuerte, amable, talentoso o dedicado. *No eres suficiente.* Esta noticia humilla a los poderosos y exalta a los humildes. Esa es la hermosa paradoja del evangelio: que «siendo aún pecadores, Cristo murió por nosotros» (Romanos 5:8).

Tú no eres suficiente, pero cuando tu confianza está puesta en Jesús, su suficiencia se te transfiere a ti. ¿No son buenas noticias? Si estás de acuerdo, tengo algo más. Armado con el conocimiento de que no eres suficiente por ti mismo, puedes estar en una mejor posición para priorizar quién es el primero en tu vida.

Pista: @Yosoysegundo.

5
ARMAGEDÓN
Debes ponerte en primer lugar

Nadie es inútil en este mundo que aligere
las cargas de otro.

Charles Dickens, *El doctor Marigold*

Cada verano tiene sus éxitos de taquilla, y 1998 no fue la excepción. Las multitudes acudieron en masa a los cines para ver a Bruce Willis salvar al mundo de la destrucción por un asteroide en el tan esperado estreno *Armagedón*. Ese año fue una verdadera olla de presión, con un presidente en medio de un escándalo («¡No tuve relaciones sexuales con esa mujer»!), un repunte de los atentados contra clínicas abortistas y la amenaza inminente de Irak, que se negaba a deshacerse de sus armas de destrucción masiva. Hubo tiroteos en escuelas, Saddam Hussein causaba estragos y Pakistán probaba bombas nucleares. Todo era muy intenso, y el público estadounidense estaba listo para una distracción.

Agarré mis palomitas de maíz y mi refresco, y me senté sola en medio de la fila. Siempre he considerado un placer ir sola al cine. Sin interrupciones. Sin conversaciones. Acababa de soportar un par de años difíciles en particular, así que también estaba dispuesta a distraerme con rocas espaciales, astronautas y soluciones nucleares. Qué mejor manera de entretener a una población estresada que Charlton Heston describa con serenidad el impacto de un asteroide que tuvo lugar hace millones de años y acabó con los dinosaurios y casi toda la vida en la tierra. La película comienza con cuerdas sincopadas que acentúan el latido de redoblantes y platillos mientras un Heston superserio advierte: «Sucedió antes... *sucederá* de nuevo». (Más música aterradora). «Solo es cuestión de *cuándo*».

Resulta que Heston tenía razón. La NASA detecta un asteroide del tamaño de Texas acercándose a la tierra. Su impacto está previsto para dentro de dieciocho días. Si este torpedo cósmico golpea el planeta, se acabó el juego. El fin literal del mundo. Los intelectuales del gobierno y los científicos de la NASA se unen al grupo de expertos para idear un plan maestro para salvar al mundo de una inminente catástrofe. Deciden que el mejor curso de acción es perforar un agujero en el asteroide, llenarlo con una bomba nuclear y volarlo antes de que atraviese la atmósfera terrestre. Este no es un trabajo para un simple astronauta. Entra en escena Harry Stamper, el mejor perforador de petróleo de profundidad del mundo. La NASA convence a este antihéroe gruñón, pero de buen corazón, para que vuele al espacio y haga lo que solo él puede hacer: pilotar una gigantesca plataforma llamada *Armadillo*, perforar hasta el núcleo del asteroide y detonar una bomba nuclear. De este modo, el asteroide se partirá en dos y pasará a centenares de kilómetros de la tierra. Harry recluta a sus trabajadores más confiables, un grupo de inadaptados que deben aprender rápido a ser astronautas antes del despegue en menos de doce días. Las escenas del entrenamiento están ambientadas con la canción «Sweet Emotion» de Aerosmith, y todo es tan de la década de 1990. (Que conste, estoy aquí por eso).

Un tema constante que impulsa al personaje de Harry durante toda la película es su cariñosa, pero turbulenta relación con su hija de veintitantos años, Grace, interpretada por Liv Tyler. Giro inesperado de la trama: Grace está enamorada de

A. J. (Ben Affleck), uno de los mejores empleados de Harry, que tiene mucho talento, pero es un poco impulsivo. Cuando Harry descubre esto, sus habilidades de padre helicóptero se disparan y prohíbe la relación, llevándose a Grace con él a la sede de la NASA para alejarla de A. J. (Nota para los padres: ¿Quieren avivar las llamas del amor entre su hija y ese novio ilegal que no soportas? Prohíbeles que se vean. Quiero decir... ¿acaso Harry no leyó *Romeo y Julieta*?). Pero caramba, A. J. es su mejor trabajador, por lo que Harry tiene que tragarse su orgullo y llevarlo consigo. Mientras tanto, A. J. le propone matrimonio a Grace, lo que se recibe con la no tan sutil desaprobación de Harry.

La tensión aumenta a medida que se acerca el impacto, y Harry y su alterado equipo despegan para salvar al mundo. Casi todo lo que podría salir mal sale mal. La estación espacial donde debían parar para reponer el combustible explota, los escombros golpean los propulsores, mueren varias personas y se ven obligados a aterrizar de emergencia en el asteroide. Aterrizan en una sección de hierro endurecido, lo que destruye su primer cabezal de perforación y arruina su transmisión. Pierden contacto con la tierra, muere más gente y todo parece bastante sombrío en ese momento. Después de un tiempo muy difícil, acaban perforando el agujero e insertando la bomba con éxito. Bien, Houston, tenemos un problema. Cuando solo quedan dieciocho minutos, se dan cuenta de que alguien debe quedarse para activar la bomba manualmente, dando su vida para salvar el mundo. Entonces, ¿quién será? Harry ayuda a A. J. a viajar hasta el núcleo del asteroide y, en el último momento, ocupa el lugar de A. J. en la misión suicida. A. J., junto con el resto de supervivientes, viaja sano y salvo a casa. Una vez de regreso a la tierra, A. J. y Grace se casan en una secuencia melodramática tan cursi que solo rivaliza con *Robin Hood: Príncipe de los ladrones* de 1991, en la que Kevin Costner, en el papel de Robin Hood, le dice a la doncella Marian (con el peor acento inglés de la historia): «Moriría por ti». (Otro tanto para los noventa).

Harry Stamper, nuestro gruñón protagonista e improbable héroe, da su vida para salvar al mundo. *Esa* sí que es una buena historia. También es una historia que se cuenta una y otra vez. Desde Gandalf hasta Hombre de Hierro, cada vez que una persona da su vida por otros, se le aclama como un héroe. Eso es lo que hacen los héroes. Jesús lo expresó de esta manera: «Nadie tiene un amor mayor que este: que uno dé su vida por sus amigos» (Juan 15:13).

Ahora retrocedamos e imaginemos que, justo antes de recibir noticias de la NASA, Harry Stamper leyó un libro de autoayuda de gran éxito que le animaba a convertirse en su máxima prioridad. Alimentado con autoafirmaciones positivas y mantras de amor propio, y armado con una hoja de objetivos impresa, Harry decide en el último minuto que sus sueños incumplidos exigen más tiempo. Después de todo, ¿qué clase de ejemplo le dará a su hija si renuncia ahora a sus ambiciones más profundas? ¿Qué mensaje le enviaría sobre *sus* aspiraciones no desarrolladas? Deja que A. J. cargue con la culpa de la humanidad, regresa a la tierra e invierte en esa nueva empresa que siempre pensó que cambiaría al mundo. Buen trabajo, Harry

Bueno, esa sería una película terrible. Me imagino que la gente exigiría la devolución de su dinero después de ese fracaso de taquilla. ¿Por qué? Porque nuestro héroe no sería más que un cobarde egoísta; en el fondo, todos sabemos que poner a los demás en primer lugar es más noble que ser egoísta. Sabemos que dar prioridad a nuestros propios sueños, ambiciones y objetivos por encima de las necesidades de los demás es perverso por completo... en realidad, es despreciable.

¿POR QUÉ PARECE TAN BUENO?

Antes de que existiera Netflix y los maratones televisivos, la gente tenía que esperar hasta cierta noche de la semana para ver su programa favorito. Cuando era pequeña, mi mamá preparaba palomitas de maíz y chocolate caliente para la entrega de la semana del popular programa *Los magníficos*, protagonizado por cuatro exsoldados que huían a Los Ángeles tras condenarlos por un delito que no cometieron. Se metían en todo tipo de problemas, que a menudo incluían una lluvia de balas propulsadas por ametralladoras, pero nunca nadie salía herido. No lo cuestionábamos, y era mágico.

De vez en cuando, mi anuncio favorito sobre las perlas de baño Calgon interrumpía las travesuras de los magníficos. El anuncio destacaba a una madre trabajadora de treinta y tantos años que estaba exasperada por completo debido a todas sus responsabilidades. ¡El perro! ¡El trabajo! ¡Los niños! Ah, era demasiado, y al final exigía: «Calgon, ¡llévame lejos!». Al instante, la pantalla mostraba su cuerpo cansado sumergido en burbujas y relajándose en una colosal bañera redonda situada, al parecer, en algún lugar de la antigua Grecia. Con las columnas del Partenón rodeando su caldera de placer, esta exhausta mamá se deshacía de todos sus problemas gracias a este producto encantado de Calgon. Cada vez que veía el anuncio, pensaba: *Nota personal: Cómprale Calgon a mamá, pues merece bañarse con la gente de Olimpia.* Tenía cuatro hijos en la escuela, los deportes y las clases de música, y mi papá viajaba para ganarse la vida. Era lo menos que podía hacer.

Ponernos a nosotros en primer lugar parece bueno, pues todos sabemos que una persona agotada, enojada y con exceso de trabajo no le sirve a nadie. Bloquearlo todo y zambullirse en una cálida y efervescente piscina de lujo parece lo ideal para restablecer nuestra paciencia y eliminar nuestras preocupaciones.

Por favor, mamá, escúchame. Si estás al límite de tus fuerzas, ve a darte un baño. Padres, hagan ejercicios, salgan a almorzar, corten leña o vean a su equipo deportivo favorito. Hagan lo que sea que les recargue de energía para servir mejor a su familia. Es importante que cuidemos nuestra mente y nuestro cuerpo como buenos administradores del regalo de la vida que Dios nos ha dado. No obstante, si nuestra comprensión de nosotros mismos no está arraigada en las Escrituras, puede resultar fácil confundir el cuidado de nosotros mismos con la idea del mundo de «autocuidado».

LAS HERMANAS LO HACEN POR SÍ MISMAS

¿Recuerdas los treinta y seis kilos que engordé durante mi embarazo? Varios meses después que naciera mi hija, me sentía cada vez más angustiada por mi aspecto y mi estado de ánimo. También estaba en medio de una crisis de fe (para más detalles de esta travesía, consulta mi libro *¿Otro evangelio?*), y la vida parecía estar fuera de control. Me decía que quería estar saludable y fuerte para mi hija, pero me sentía abrumada por el desprecio hacia mí misma y el disgusto por mi peso. Todo giraba en torno a mí.

Volví a caer en conocidos patrones de mi pasado. Perdí peso. Y algo más. No estaba saludable. Sin embargo, aquí está la cuestión: Perder peso no hizo que desapareciera el desprecio que sentía por mí. Solo empeoró. Lo que comenzó como un intento de «estar saludable para mi hija» se convirtió en una espiral cíclica y mortal que me dejó sin energías y me lanzó a un estado constante de vergüenza y esclavitud. Cuando sentía la culpa y el odio hacia mí misma en cuanto a mi cuerpo, me encerraba para mis adentros. Intentaba controlar la situación y arreglarla por mi cuenta. No oraba. No le pedía ayuda a Dios. Es más, en esa época, ni siquiera estaba segura de la existencia de Dios. Me sentía gorda y sola, y trataba de salir adelante por mis propios medios. En cambio, salir adelante por nuestra cuenta es físicamente imposible. Piénsalo. En serio, inténtalo. Es en concreto imposible.

En su maravilloso libro, *You're Not Enough and That's Okay* [No eres suficiente y está bien], Allie Beth Stuckey le da sentido a lo que sucedía dentro de mí: «El yo no puede ser a la vez el problema y la solución. Si nuestro problema es que nos sentimos inseguras o insatisfechas, no vamos a poder encontrar el antídoto para estas cosas en el mismo lugar de donde proceden nuestras inseguridades y miedos»[1]. Me odiaba por mis patrones poco saludables y, al mismo tiempo, pensaba que podía curarme. Sin embargo, no funciona de esa manera.

Poco después de adelgazar, me quedé embarazada de nuevo y engordé treinta y dos kilos. Sin embargo, esta vez mi relación con Dios había mejorado un poco. Le prometí a Él y a mí misma que, incluso si tuviera que vivir el resto de mi vida con más peso del que deseara, le entregaría mi peso a Dios y confiaría en Él. Le confesé a mi esposo lo que me sucedía y le pedí que me ayudara a mantener la luz preguntándome cómo me iba con la comida. Prometí ser sincera y siempre lo fui, aun cuando la respuesta era dolorosa y vergonzosa. Poco a poco comencé a sanar y recuperarme. Hasta el día de hoy, Mike me sigue preguntando cómo me va con la comida y lo amo por eso.

Años más tarde, una vez reconstruida mi fe, necesitaba hacerme una foto para un blog de apologética que estaba empezando. No bajé de peso por eso. Por alguna razón tomé la brillante decisión de cortarme el cabello y llevarlo rizado al natural, y no tengo excusa para eso. (Inserta un sarcasmo). Junto con mi mala decisión con el cabello, mi peso se mantuvo igual durante más de siete años. En otras palabras, no antepuse mis propios deseos, ambiciones y vanidad a mi esposo y a mis hijos, quienes necesitaban una saludable esposa y madre. Es más, negarme a adelgazar fue con exactitud la forma en que antepuse a otros... por un tiempo. Sin embargo, con el paso del tiempo, esa decisión se convirtió en una excusa para comer en exceso y ser perezosa e inactiva. Engordé aún más, lo que me dificultaba levantarme de la cama por las mañanas. Me quedaba sin aliento haciendo tareas sencillas y buscaba excusas para no jugar con mis hijos.

Una Nochebuena, mientas me llenaba la cara de relleno de crema con una cuchara de madera gigante, preguntándome cuánto le podía quitar de la parte superior y todavía tener suficiente para la tarta que estaba haciendo, tuve una epifanía. *Algo tiene que cambiar. Ya no puedo seguir viviendo así.* Me di cuenta de que, en mi intento de corregir la trayectoria de mi trastorno alimenticio, iba de un extremo a otro. Había creado un desequilibrio al cambiar las medidas extremas para mantenerme delgada por la indulgencia extrema. Nada de esto beneficiaba a mi familia. La primera vez elegí el egoísmo (quería estar delgada más que darles a mis hijos una madre *saludable*) y ahora volvía a elegir el egoísmo (quería comer en exceso y estar inactiva más que darles a mis hijos una madre *activa*).

Cada vez que decidimos anteponer nuestros propios deseos a las necesidades de los demás, se crea un desequilibrio. Esta vez, quería ponerme en forma por mis hijos, así que pedí ayuda, seguí un plan y decidí no satisfacer todos mis antojos. Dios también me dio el hermoso regalo de correr y hacer senderismo, pero esa es otra historia para otro momento. Poco a poco, empecé a perder peso y ya no me dolía ir de la cama al baño por la mañana. Me sentía mucho mejor ahora que había antepuesto las necesidades de los demás a las mías. Todavía estoy trabajando en esto, y me engañaría a mí misma si dijera que lo tengo todo resuelto. Sin embargo, sé que cuando salgo a correr, levanto pesas y como porciones razonables de alimentos saludables, soy mucho mejor madre y esposa. Tengo la energía para escribir el día entero mientras mis hijos están en la escuela y, luego, estar presente y comprometida por completo con ellos cuando llegan a casa. Le doy gracias a Dios por ese regalo. Aun así, no hubiera sucedido si hubiera continuado poniéndome a mí misma en primer lugar.

¿QHJ?

La Biblia tiene mucho que decir acerca de poner a otros primero, y gran parte proviene directamente de los labios del propio Jesús. Cuando caminó por la tierra, dos grupos de líderes religiosos, los fariseos y los saduceos, se le oponían con regularidad. Los fariseos eran legalistas muy estrictos en lo que se refería a la ley. Le agregaron una gran cantidad de reglas y tradiciones orales a la ley, a fin de intentar distanciarse de la cultura y mantenerse puros ante Dios. Los saduceos, en cambio, rechazaban estas tradiciones orales y negaban la resurrección. Sin embargo, a pesar de este choque de opiniones, una cosa los unía: Ambos odiaban muchísimo a Jesús. Ambos grupos intentaban siempre hacerlo tropezar, atraparlo y demostrar que estaba equivocado.

Un día, cuando los fariseos escucharon que Jesús había esquivado las balas intelectuales de los saduceos como Neo, en la película *Matrix*, decidieron mandar a uno de sus expertos legales para probarlo. En Mateo 22:36, este intérprete de la ley le preguntó cuál era el gran mandamiento de la ley. (Con cientos de leyes entre las que elegir, ¡estoy segura de que creía que podría hacer tropezar a Jesús con esta! Sin perder un segundo, Jesús citó dos versículos de las Escrituras. Primero, citó un famoso pasaje en Deuteronomio 6:5, que los judíos llaman el Shemá: «Amarás al Señor tu Dios con todo tu corazón, con toda tu alma y con toda tu fuerza». A continuación, le citó Levítico 19:18: «Amarás a tu prójimo como a ti mismo». Jesús concluyó este intercambio con una afirmación audaz en el versículo 40: «De estos dos mandamientos dependen toda la ley y los profetas». (En la cultura judía del primer siglo, «la ley y los profetas» era una referencia a todo el Antiguo Testamento).

Detente a pensar por un momento en lo brillante en gran medida que fue esto. En concreto, todos los mandamientos morales de la ley del Antiguo Testamento se cumplirán a la perfección si obedeces esos dos mandamientos. Tomemos, por ejemplo, los Diez Mandamientos. El primero dice: «No tendrás otros dioses delante de mí» (Éxodo 20:3). Si amas a Dios con todo tu corazón, no pondrás ningún dios delante de Él. El segundo mandamiento es similar, ya que dice, en esencia, que está prohibido hacer imágenes talladas para adorarlas. Una vez más, si amas a Dios con todo lo que eres, no lo harás. ¿Tomar el nombre de Dios en vano? Estás bien si amas a Dios primero. Del cuarto al décimo mandamiento prohíben cosas como el adulterio, el asesinato, el robo, la mentira y la codicia. Piénsalo. Si amas a tu prójimo como a ti mismo, *no le harás esas cosas*. ¡Brillante!

Algunos intérpretes han tomado el pasaje: «Amarás a tu prójimo como a ti mismo» como un mandato para amarse a uno mismo. Sin embargo, como escribe un comentarista: «En nuestra cultura narcisista, inundada como estamos de psicología, la mayoría lo ha tomado como un mandato para el amor propio [...]. El texto, sin embargo, no ordena el amor propio; tal vez reconozca su existencia, como mucho lo legitima [...]. Sin duda, "como a ti mismo" no incluye el mandamiento de amarse a uno mismo ni afirma que uno debe amarse a sí mismo»[2]. Fíjate que Jesús no tiene que ordenarte que te ames a ti mismo. Da por sentado que ya sabes cómo hacerlo. En realidad, tiene que decirte que pongas a Dios en primer lugar y a los demás en segundo lugar, pues esto no es algo natural. El apóstol Pablo lo resumió así: «Nadie aborreció jamás su propio cuerpo, sino que lo sustenta y lo cuida, así como también Cristo a la iglesia» (Efesios 5:29). Sin embargo, lo que sí es natural en el ser humano es el pecado. Está por todas partes en las enseñanzas de Jesús. Dale un vistazo.

Jesús dijo la famosa frase: «Traten a los demás tal y como quieren que ellos los traten a ustedes» (Lucas 6:31, NVI). Ahora bien, muchos escépticos han acusado a Jesús de copiar la sabiduría más antigua aquí, ya que se encuentran versiones similares de este mandamiento en los dichos de maestros que vinieron antes de Jesús, como Confucio y Buda, así como en el hinduismo y la filosofía griega[3]. (Por otra parte, Levítico 19:18 dice lo mismo, en esencia, y se escribió mucho antes de que estos otros hombres vivieran). En cambio, esto es lo que los escépticos pasan por alto. En cada uno de los ejemplos anteriores, la Regla de Oro está en forma negativa, algo así como: «*No* hagas a los demás lo que *no* quieras que te hagan a ti». Sin embargo, eso no es muy difícil, ¿verdad? Cuando se redacta de esta manera, lo cierto es que *no tienes que hacer nada*. Puedes ser indiferente. Incluso puedes ponerte a ti mismo en primer lugar y solo evitar ser un gran tonto con otra persona. Aun así, eso no es suficiente para Jesús. En su estilo típico, le da la vuelta a la idea y convierte lo que no se debe hacer en lo que se debe hacer. (¿Recuerdas el Sermón del Monte, en el que Jesús dijo que no basta con abstenerse de cometer adulterio físicamente, sino que, si codicias a alguien en tu corazón, ya eres culpable de adulterio? Es así). En otras palabras, Jesús no nos permitirá a ti y a mí pasar inadvertidos. Es imposible obedecer la Regla de Oro y ponerse a uno mismo en primer lugar al mismo tiempo. Según Jesús, tienes que pensar en lo que harías si te pusieras a ti primero y vas a *hacérselo* a otra persona.

Sin embargo, eso no es todo lo que Jesús tenía que decir sobre el tema: Un día sentó a sus discípulos y les dijo: «Si alguno desea ser el primero, será el último de todos y el servidor de todos» (Marcos 9:35). Sabiendo que la gente se preocupa por su ropa, por lo que va a comer y por cómo acabará su vida, les dijo: «No os preocupéis por vuestra vida» (Mateo 6:25). Después de señalar cómo Dios demuestra su fidelidad para satisfacer sus necesidades físicas, les instruyó: «Buscad primero su reino y su justicia, y todas estas cosas os serán añadidas» (versículo 33). Luego, en Mateo 10, ofreció una dura verdad: Si alguien no toma su cruz, instrumento de muerte, y lo sigue, esa persona no es digna de Él (versículo 38). Y continuó: «El que ha hallado su vida, la perderá; y el que ha perdido su vida por mi causa, la hallará» (versículo 39). En Mateo 5:39-41, escandalizó a sus seguidores diciéndoles que, si alguien les daba una bofetada en una mejilla, debían ofrecerle la otra. Si alguien los demandaba por una camisa, debían darles también su abrigo. Si alguien los obligaba a caminar una milla con ellos, debían hacer que fueran dos. Entonces continuó: «Al que te pida, dale; y al que desee pedirte prestado no le vuelvas la espalda» (Mateo 5:42).

Estos pasajes no describen con exactitud el símbolo del empoderamiento propio. Jesús no podría ser más claro sobre cuál debe ser nuestra primera prioridad. No nosotros mismos, sino Dios, su reino, su justicia y los demás. Basándose en lo que les ordenó a sus seguidores en Mateo 10:38, afirmó con más claridad aun lo que se necesita para llamarse seguidor de Jesús: «Si alguno quiere venir en pos de mí, niéguese a sí mismo, tome su cruz y sígame» (Mateo 16:24).

Jesús ejemplificó esta abnegación en su propia vida. Es más, describió su propósito al venir a la tierra en Marcos 10:45: «El Hijo del Hombre no vino para ser servido, sino para servir, y para dar su vida en rescate por muchos» (RVR60). ¿Recuerdas cuando dijo que amar a tu prójimo como a ti mismo era el segundo mandamiento más importante? Lo unió aquí al describir cómo es ese tipo de amor. Dio su vida por nosotros. Vivió esta enseñanza al máximo, sellándola con su propia sangre. El apóstol Pablo reconoció esto acerca de Jesús. En Filipenses 2:6-8, Pablo señaló que Jesús, siendo en forma de Dios, decidió despojarse de sus privilegios divinos, tomando forma de siervo... un ser humano. Luego, «se humilló a sí mismo, haciéndose obediente hasta la muerte, y muerte de cruz» (versículo 8). A lo largo de sus cartas, Pablo nos dice cómo debemos reflejar a Cristo en nuestra forma de tratar a los demás. Si hay alguna duda sobre si Pablo cree o no que debes ponerte en primer lugar, considera esta sorprendente declaración: «A los que son ambiciosos y no obedecen a la verdad, sino que obedecen a la injusticia: ira e indignación» (Romanos 2:8).

Es vital que mantengamos nuestra vida, nuestro amor y nuestras acciones en el orden debido, con Dios en primer lugar y los demás en segundo lugar. Esto nos evita una oscilación pendular interminable entre extremos como la ociosidad y el exceso de trabajo, el odio a uno mismo y la obsesión por uno mismo. No solo esto es sabio, sino que también trae recompensa: «El que reanima a otros será reanimado» (Proverbios 11:25, NVI). ¿Ves cómo funciona? Puede que nos sintamos abrumados cuando pensamos en lo difícil que es llevar esto a la práctica, pero piénsalo de esta manera: Cuando dedicamos nuestra vida a servir a Dios y a los demás, no somos como un automóvil que se queda sin gasolina. Somos más como una casa con paneles solares. Esos paneles están orientados hacia el sol y convierten la luz solar en energía, que a su vez alimenta la casa. Es un proceso continuo de entrega y renovación[4].

CÓMO SER TU «AUTÉNTICO» YO

Cultural	Contracultural
Ponte en primer lugar.	Soporta las flaquezas de los demás (Romanos 15:1).
Supérate en el trabajo o en el ocio, lo que haga falta para hacer realidad tus sueños.	Supera a los demás en darles honra (Romanos 12:10).
Busca tu propio bien	Busca el bien de otros (1 Corintios 10:24).
Cuenta tus «me gusta» y tus logros.	Considera a los demás más importantes que tú (Filipenses 2:3).
Exáltate para ser el número uno.	Crucifícate para que Cristo pueda vivir en ti (Gálatas 2:20).

COMPAREMOS

Mientras que el llamado bíblico a ponernos al menos en tercer lugar está fresco en nuestras mentes, reflexiona sobre estas citas de libros «cristianos» populares:

Fuiste creada para ser la heroína de tu propia historia[5].

Estoy dispuesta a ser la villana en la historia de otro si significa que soy la heroína de mi historia[6].

No necesitamos más mujeres abnegadas. Lo que necesitamos ahora es más mujeres que se hayan desintoxicado de manera tan completa de las expectativas del mundo que no estén llenas de nada más que de sí mismas. Lo que necesitamos es mujeres *llenas de sí mismas.* Una mujer llena de sí misma sabe y confía en sí misma lo suficiente como para decir y hacer lo que debe hacerse. Deja que el resto arda[7].

¡Debes ser la primera de tus prioridades![8]

Abandonaré las expectativas que los demás tienen de mí antes que abandonarme a mí misma. Decepcionaré a los demás antes que decepcionarme a mí misma. Abandonaré a otros antes que abandonarme a mí misma. Yo y mi yo: *Somos hasta que la muerte nos separe*[9].

¡Qué diferencia! En el exitoso libro de Glennon Doyle, *Indomable,* la ex mamá cristiana bloguera convertida en autora de superventas y conferenciante nacional relata la decisión que tomó de abandonar a su esposo por la mujer de la que se enamoró a primera vista. Comparándose con un guepardo enjaulado que vio en el zoológico local, decidió escapar de su propia prisión domesticada y argumenta que anteponer sus necesidades románticas es lo que de veras la convierte en una buena madre. Atribuyéndole al psiquiatra suizo Carl Jung el mérito de haber llegado al meollo de la cuestión, escribe:

Las madres se han martirizado en nombre de sus hijos desde el principio de los tiempos. Hemos vivido como si la que más desaparece, más ama. Nos han condicionado a demostrar nuestro amor dejando de existir poco a poco.

Qué carga tan terrible para los hijos: saber que son el motivo por el que su madre dejó de vivir. Qué carga tan terrible para nuestras hijas: saber que, si deciden ser madres, este será también su destino [...].

Jung sugirió: *No hay mayor carga para un hijo que la vida no vivida de un padre* [...]. Jamás volveré a conformarme con una relación o una vida menos hermosa que la que quisiera para mi hijo. Me divorciaría de Craig. Porque soy madre. Y tengo responsabilidades[10].

Compara su historia con la de Elisabeth Elliot, cuyo esposo fue asesinado por los huaoranis en Ecuador tras intentar llevar el evangelio a su remota tribu. Este emblema de mujer indómita regresó al mismo pueblo que mató a su amado Jim y les predicó el evangelio, en compañía de su hija de tres años. (Porque es madre. Y tenía responsabilidades). Vivió entre ellos, predicando el amor de Cristo (que, por cierto, no es el tipo de amor que intenta probar algo) y llevando a muchos al Señor. Después de dos años de dar su vida por los demás, regresó a Estados Unidos, y con el tiempo escribió más de veinte libros, mostrando la sabiduría de la verdad bíblica y su dedicación de toda la vida a Jesús. No persiguió a su guepardo interior hacia la satisfacción personal. Practicó el sacrificio propio y verdadera devoción bíblica.

Cuando Jesús nos manda a tomar nuestra cruz y morir, nos da algo aún mejor a cambio... Él mismo. Esto es algo que la cultura de la autoayuda nunca entenderá. Ni todos los libros egocéntricos del mundo pueden entender que una persona encuentre paz y gozo, aun confinada en un matrimonio infeliz, un sueño no realizado o una vida que no está a la altura de sus expectativas. No entienden cómo poner a Dios y a los demás en primer lugar proporciona una plataforma estable sobre la cual mantenerse de pie y capear todo tipo de tormentas. Por eso sus guepardos internos siguen persiguiendo sus colas, buscando la próxima relación, el próximo éxito profesional o el golpe de felicidad.

Elisabeth Elliot se aferró a una fortaleza más profunda. Cuando se enfrentó a situaciones en las que se sentía insatisfecha e infeliz, se negó a desaparecer en la nada. Rechazó el deseo de desafiar la Palabra de Dios o redefinir su santidad. Descartó la idea de que tenía que dejar de existir o hacer de su felicidad personal su máxima prioridad. Reconoció que eso no es lo que Jesús nos pide que hagamos cuando nos invita a venir y morir. Comprendió que poner a Dios en primer lugar significaba plantar los pies con firmeza sobre el cimiento de la verdad. No se dejaba mover cuando soplaban vientos de aburrimiento y arreciaban tormentas de duda, insatisfacción y sufrimiento. Eso, querido lector, es lo contrario de desaparecer. ¿Cómo lo hizo? Una vez escribió: «El secreto es Cristo en mí, no yo en un conjunto diferente de circunstancias»[11].

Con Cristo en ti, puedes atravesar cualquier cosa. Puedes sentirte insatisfecho de manera sexual, emocional e intelectual, y aun así ser cien por ciento *libre* y lleno de un gozo profundo y constante. ¡Es cierto! Sin embargo, solo podrás llegar allí si empiezas por negarte por completo a ponerte a ti mismo en primer lugar. Ni siquiera eres el segundo. Eres el tercero. Tal vez el cuarto. Ya lo entiendes.

Ahora que has sondeado las profundidades de tu alma sólo para encontrar allí a un pecador, el mundo te dirá que debes airear todos tus trapos sucios como en un programa de telerrealidad barato en nombre de la autenticidad. Estoy aquí para decírtelo. Te vendieron un barril de tonterías. La autenticidad *no* lo es todo.

6
ANIMADORES
La autenticidad lo es todo

Es toda una vida de trabajo para verte como
lo que realmente eres e incluso entonces
puede que te equivoques. Y eso es algo en
lo que no quisiera equivocarme.

Cormac McCarthy, *No es país para viejos*

Desde el momento en que vi el suelo azul primaveral, olí las nubes de tiza que salían de las empuñaduras de cuero y pasé la mano por las suaves barras asimétricas de roble, lo supe. *Soy una gimnasta*. Sabía sin lugar a dudas que este era mi planeta. Esta era mi gente. Durante los años siguientes, la gimnasia se convirtió en mi vida. Se convirtió en mi identidad. Me sentía más auténtica cuando daba volteretas en la colchoneta, saltaba en la barra de equilibrio o me balanceaba en las barras asimétricas. En esa época pensaba, por error, que lo que hacía era lo que era. En otras palabras, confundía la autenticidad con la identidad.

En una de mis primeras lecciones, observé a otra gimnasta hacer una inversión hacia atrás que, en esencia, es una voltereta hacia atrás. Levantas los brazos en el aire, te inclinas por completo hacia atrás hasta que las palmas de las manos se apoyen en el suelo y luego extiendes las piernas hasta que llegan al suelo y vuelves a ponerte de pie. Nadie me dijo que esto era algo que había que aprender, no algo que solo te levantas y lo haces. Así que me levanté y lo hice. Mi entrenador se quedó atónito y le informó a mi madre que yo era una gimnasta nata.

Al cabo de un par de años, mis padres, que son personas que siempre me animan, me inscribieron en un gimnasio diferente al otro lado de la ciudad del que una vez salió una atleta que fue a las pruebas olímpicas. No entró en el equipo, pero no me importaba, pues este gimnasio tenía sueños olímpicos y yo también. Si me hubieran preguntado quién era yo cuando tenía nueve años, te hubiera contestado sin dudar: «Eh... soy una gimnasta que va a ser medalla de oro olímpica como Mary Lou Retton». Resulta, que no era tan buena como pensaba, pero eso no viene al caso. Quería glorificar a Dios con mi talento, así que mi gran sueño era ganar el oro olímpico y luego mudarme a Etiopía para predicar el evangelio y darles clases de gimnasia a todos esos niños hambrientos que se ven en los anuncios de televisión. El siguiente paso era obvio.

Por esa misma época, mi madre me obligó a tomar clases de piano, que odiaba con todas mis fuerzas. Creía que el piano era la encarnación de Satanás y soñaba despierta con arrancar cada tecla de marfil con un destornillador. Odiaba esas clases. Las aborrecía. Las despreciaba. Las detestaba. Las abominaba. (Nota de la autora: Sí, consulté un diccionario de sinónimos para expresar como es debido mi disposición emocional hacia dichas clases de piano, con la esperanza de explicarme con claridad). No me gustaba practicar en absoluto. Cuando no estaba en la escuela o en el gimnasio, quería pasar cada momento restante en mi patio dando vueltas sobre la barra de equilibrio hecha a mano que me construyó mi padre. Desde luego, no quería pasarme treinta minutos al día atrapada delante de un aparato que ni siquiera sabe si es un instrumento de percusión o de cuerda. Le rogué a mi madre que me permitiera dejarlo. Durante *años*. Por fin, terminó con el horrible castigo que yo no había hecho nada para merecer y que era obvio que no necesitaría como filántropa misionera ganadora olímpica de gimnasia. Entonces, algo sucedió. Al abandonar con éxito las clases de piano, me di cuenta de que ya no *tenía* que tocar. Así que un día, me senté en la banqueta del piano, toqué las teclas con los dedos y pulsé las notas que me venían al corazón. Y luego comencé a cantar. No podía creer lo que estaba pasando. De la nada, estaba componiendo una canción sobre mi amor por Jesús. Y me gustó. Sentí la presencia de Dios. No fue hasta años después que encontré el lenguaje para describir lo que me había sucedido. La película *Carros de fuego* narra la historia del corredor escocés y devoto cristiano Eric Liddell, quien creía que Dios lo llamó a correr para la gloria de *Él*. En una famosa escena, dice: «Creo que Dios me hizo con un propósito [...] pero también me creó veloz. Y cuando corro, siento su placer»[1]. Sí, ahí está. Ese día, sentí el placer de Dios cuando canté y toqué el piano para su gloria. Les dije a mis padres que mi tiempo de gimnasta terminó y que me llamaron para ser música. Mis padres, aún los eternos animadores, le enviaron al gimnasio el aviso de treinta días con la rapidez de un relámpago. Más tarde descubrí que dos semanas antes de mi gran anuncio, habían orado para que Dios me reorientara si la gimnasia no era su voluntad para mi vida. Siempre lo tomé como una confirmación de que iba por el buen camino.

Mi padre comenzó a enseñarme a usar su equipo de grabaciones en la casa y yo escribía como si el mundo se quedara sin canciones. Les decía a todos mis amigos que algún día sería una artista cristiana y creía de verdad que cambiaría al mundo con la música. (¿Qué te parece eso del optimismo valiente?). No tenía un plan B. Cuando llegué al instituto, empecé a dar conciertos para mi grupo de jóvenes y en otras iglesias locales pequeñas. También jugué sóftbol y me convertí en animadora para matar el gusanillo de la gimnasia que me quedaba desde la infancia. Sin embargo, me crearon para la música. Lo sabía... *esto es lo que soy. Soy cantautora.*

MARCADA

Hacia el final de nuestra carrera artística, ZOEgirl recibió la invitación para unirse a una gira nacional que era «la hermana pequeña» de un ministerio femenino mundial de un increíble éxito que producía eventos de fin de semana a los que asistían varios millones de personas. Ahora esta organización canalizaba todos sus recursos, energía de talento y conocimientos en un evento dirigido a chicas adolescentes.

Con grandes patrocinadores y empresas cristianas detrás, esta gira fue muy esperada, bien financiada y muy controlada. Cada canción se elegía de manera meticulosa y la puesta en escena se coreografiaba con minuciosidad. A mis compañeras de la banda y a mí nos informaron que cada palabra pronunciada desde el escenario seguiría un guion. A nosotras, y a todos los artistas, se nos asignó una imagen concreta con la que las chicas pudieran identificarse. Una era la «chica bohemia». Otra era «la deportista». Estaba la «atrevida», «la artística» y la «divertida». *¡Vaya!* Con la bohemia, la atrevida y la artística ocupadas, acabé con la que sobraba. A partir de entonces se me conocería como «la animadora». El mensaje era implícito, pero claro: Esto es lo que eres. Cíñete al guion y no te salgas del personaje. Me sentía incómoda con este acuerdo, pero cuando estás en una situación así, haces todo lo que puedes para convencerte de que cooperes. *Quizá pueda decir lo que quieren que diga, pues alguna joven vendrá aquí y será salva. Quizá esta sea una lección de sumisión al liderazgo.* Noche tras noche, «la artística» anunciaba que en el instituto era artista y cantante. Esto siempre se recibía con bulliciosos vítores y aplausos. Entonces, llegaba mi gran frase:

«Y yo era... ¡animadora!». Era un montaje destinado a que se recibiera con negatividad. Me sentí como una tonta. No era del todo falso. Sí *fui* animadora en el instituto. No obstante, eso fue un simple puntito en mi radar. No era *quien soy*.

Cuando ZOEgirl terminó, estaba agotada e inquieta. A los treinta y dos años, nunca había logrado mi sueño de ser una artista solista y cantautora que cambiara el mundo para Dios. Esperé muchos años, pero nunca lo conseguí. Había dedicado los que creía que eran los mejores años de mi vida a hacer giras con un grupo pop de chicas, algo que, para empezar, nunca había estado segura de querer hacer. Ahora bien, podría resultar tentador pensar que actuar ante más de un millón de personas, vender cientos de miles de discos y ver tu cara ampliada al tamaño de un brontosaurio en una valla publicitaria sería la definición por excelencia de vivir un sueño. Sin embargo, ese no era *mi* sueño. No era quien *soy*. Quería ver a cientos, incluso miles, de personas venir a Cristo a través de las letras profundas e impactantes, y las melodías conmovedoras que Dios ponía en mi corazón. En cambio, en realidad fui un desastre emocional durante esos años, y toda la experiencia está un poco contaminada por eso. Como nota al margen, desde entonces les he expresado estos pensamientos a audiencias de todo el país, y muchos fans de ZOEgirl se me han acercado y me han hecho llorar con sus palabras de ánimo. Una joven me dijo: «Yo fui una de esas pequeñas fans de ZOEgirl que vinieron a tu concierto. Me sentía muy sola como cristiana en mi escuela, y ustedes tres me inspiraron y me animaron a mantenerme firme en mis convicciones y a seguir adelante con mi fe. Solo quiero que sepas que todo mereció la pena». Y valió la pena. Aun así, no podía verlo en ese momento.

Me había creído la mentira de que me definía por lo que hacía, lo que quería y lo que amaba. Debo haber estado insistiendo en esto en una sesión de consejería en particular, pues una terapeuta a la que comencé a ver hacia el final de la carrera de

ZOEgirl (que tenía la sabiduría de Salomón y la paciencia de Job) me miró de manera atenta y me preguntó con delicadeza: «¿Qué pasaría si tuvieras un cáncer de garganta y nunca pudieras volver a cantar?». Me quedé estupefacta. Me dejó perpleja. Después de todo, me crearon para cantar, y si no podía cantar, ¿quién era yo? Tras una larga pausa, tartamudeé: «Yo... yo... no lo sé. No lo sé». *En ese momento, la pregunta parecía un oxímoron.* Mi yo auténtico se perdería. Llevo años dándole vueltas a esta pregunta. Ahora la respuesta es muy clara. Sin embargo, en esa época, era como preguntarme quién sería yo si no existiera.

LA AUTENTICIDAD ARTIFICIAL FRENTE A LA AUTENTICIDAD BÍBLICA

Para entender bien la autenticidad, debemos definir nuestros términos. Es cuestión de palabras. *Autenticidad* es una de esas palabras que se han renovado en la actualidad. Si buscas en el internet, encontrarás todo tipo de definiciones funcionales. Aquí tienes tres:

> «Vivir tu vida de acuerdo con tus propios valores y objetivos»[2].
> «Actuar de manera que muestres quién eres de veras y cómo te sientes»[3].
> «Real o genuino: no copiado ni falso»[4].

Fíjate en que las tres son un poco diferentes. La primera solo se basa en uno mismo. Sospecho que es lo que mucha gente quiere decir cuando habla de vivir con autenticidad hoy en día. Según esa definición, yo pongo las reglas y vivo según ellas, sin importar lo que digan los demás. Es otra forma de decir: «Vive tu verdad». Sin embargo, como aprendimos en el capítulo 3, vivir según nuestra propia verdad no da buenos resultados. Eso es autenticidad artificial.

¿Qué tal la próxima definición? «*Actuar de manera que muestres quién eres de veras y cómo te sientes*». Eso nos acerca un poco más. *Debemos* ser sinceros en cuanto a nuestros sentimientos y celebrar nuestros dones, talentos y personalidades únicos. No somos hombrecitos de jengibre, todos cortados por el mismo molde con el mismo propósito. No deberíamos presentarnos en la iglesia y hablar de lo victoriosa que ha sido nuestra semana si apenas nos hemos levantado de la cama esa mañana.

¿Y la tercera? «*Real o genuino: no copiado ni falso*». Esta da en el clavo. Dicha definición incluye la idea de que debemos ser sinceros en cuanto a nuestros sentimientos (genuinos), pero saca el contexto del *ámbito* del *yo* y lo sitúa en el ámbito de la *verdad*. Eso es lo contrario de la autenticidad artificial, que es un oxímoron. Vivir de acuerdo con *la* verdad es la forma más auténtica de vivir, pues nos crearon para eso.

La Biblia tiene mucho que decir acerca de quiénes somos y cómo debemos vivir de manera auténtica en esa identidad. Según Juan 1:12, a todos los que recibieron a Cristo y creen en su nombre, se les dio el derecho de llegar a ser hijos de Dios. Es maravilloso y asombroso: nuestra identidad ya no está ligada a nosotros, sino a Él. El apóstol Pablo nos dice en Gálatas 2:20 que cuando nos convertimos en seguidores de Jesús, es como si estuviéramos crucificados junto con Cristo. Esto significa que, en efecto, morimos a nuestra antigua vida y ya no vivimos para nosotros mismos. Es más, Pablo escribe: «Ya no soy yo el que vive, sino que Cristo vive en mí». Eso no significa que estén muertos los talentos, personalidades y dones únicos con los que nos crearon. Más bien, sin cesar hacemos morir el pecado que mancha y contamina esos dones y cualidades dados por Dios. Esto nos libera para ser de veras quienes nos crearon para ser.

Pablo nos dice en 2 Corintios 5:17 que, si alguno está en Cristo, es una nueva criatura. Todo lo del pasado desapareció y nosotros, literalmente, somos hechos nuevos. *¡Qué base sobre la que construir!* La autenticidad comienza con una muerte. De manera específica, es una muerte al yo y una reorientación hacia vivir para Cristo.

¿ENCONTRAR TU VERDADERO Y AUTÉNTICO YO?

Cristo pagó un precio incalculable para redimirnos; no es de extrañar que nos metamos en problemas cuando enfatizamos nuestro yo caído por encima de Él. Brené Brown es una profesora de investigación, conferenciante y autora que escribe acerca de la vergüenza y la vulnerabilidad. Aunque la bautizaron en la Iglesia episcopal de niña, la criaron como católica antes de abandonar la religión organizada cuando era joven. Después de unos veinte años, ella y su esposo volvieron a la Iglesia episcopal, pues querían encontrar «un hogar espiritual donde hubiera lugar en la mesa para todos»[5]. Es muy popular en el sector de la autoayuda, y muchos cristianos acuden a ella en busca de sabiduría sobre cuestiones relacionadas con la autenticidad. En su libro *Desafiando la tierra salvaje*, escribe:

> La verdadera pertenencia es la práctica espiritual de creer en ti mismo y pertenecerte a ti mismo de manera tan profunda que puedas mostrarle tu yo más auténtico al mundo y encontrar lo sagrado tanto en ser parte de algo como en estar solo en el desierto. La verdadera pertenencia no requiere que *cambies* quién eres; requiere que *seas* quién eres[6].

Jen Hatmaker incluye la cita de Brown en su libro *Fierce, Free, and full of Fire* [Feroz, libre y llena de fuego]. En su comentario, menciona su «incómoda naturaleza profética», que le impide prosperar como «líder femenina en la subcultura evangélica». Sobre su incapacidad para refrenar esa parte de su identidad, Hatmaker escribe: «Estoy predispuesta por completo a ver, lamentar y enfrentarme a la injusticia. Esto no es algo que hago. *Es lo que soy*» (el *énfasis* es mío)[7]. Quiero analizar lo que Brown y Hatmaker dicen aquí, pero antes me gustaría hacer una observación. He visto a algunos líderes cristianos progresistas referirse a sí mismos como «proféticos». Hasta cierto punto entiendo lo que dicen. Creen que le dicen la verdad al poder. Sin embargo, hay que decir que si las celebridades elogian a tus libros, los promocionan como el último y más grande milagro de autoayuda y encabezan la lista de los superventas del *New York Times*, lo más probable es que no seas profético. Y si a la gran mayoría de una cultura atea le encanta tu mensaje, lo más probable es que no seas profético. En el Evangelio de Lucas, Jesús dijo: «¡Ay de vosotros, cuando todos los hombres hablen bien de vosotros!, porque de la misma manera trataban sus padres a los falsos profetas» (6:26). Mataron a los profetas. Adoran a los influyentes que santifican el pecado. Los verdaderos profetas siempre se opusieron al pecado y llamaron a la gente al arrepentimiento, lo que a menudo causó que se persiguieran o mataran a los verdaderos profetas. Eran los falsos profetas los que andaban dándole a la gente una paz falsa y la seguridad de que todo estaba bien y que Dios *en realidad* no los juzgaría (Jeremías 6:13-14).

Ahora, analicemos la declaración de Brown. Afirma que estás equipado para manifestarle tu yo más auténtico al mundo «creyendo en ti mismo y perteneciendo a ti mismo». ¿Cuáles son los cimientos que les pide a sus lectores que construyan? ¿Recuerdas la introducción donde hablamos de construir tu casa sobre la roca y no sobre la arena? Para conseguir la autenticidad adecuada, debemos construir sobre unos cimientos sólidos.

Cuando vemos el yo como nuestro cimiento, como parece defender Brown, estamos construyendo sobre una superficie movediza, vulnerable a cualquier afirmación positiva actual que le parezca buena a nuestro yo más «auténtico» en ese momento. Por supuesto, me doy cuenta de que una de las cosas más controvertidas que se pueden decir ahora mismo en las redes sociales en Estados Unidos es: «Mi yo está destrozado». Lo sé. Lo entiendo. Se supone que debemos decir que somos hermosos, inocentes, inquebrantables, suficientes y perfectos según nuestro adorable y pequeño yo. Nunca verás un especial de Netflix con el mensaje «Estoy destrozado». Sin embargo, ¿cómo nos resulta esto? Uno pensaría que si todo lo que tuviéramos que hacer fuera recurrir a nuestros dioses y diosas interiores, las redes sociales serían un lugar mucho más amable, ¿no es así?

Esto nos lleva de nuevo a la cita de Hatmaker: «Estoy predispuesta por completo a ver, lamentar y enfrentarme a la injusticia. Esto no es algo que hago. *Es lo que soy*». Ver, lamentarse y enfrentarse a la injusticia son cosas buenas, ¿verdad? Por supuesto que sí. *A menos* que nos hayamos divorciado de la definición bíblica de la justicia y hayamos comenzado a confiar en nuestra *propia* definición. Dios condena la injusticia en todo momento. Va en contra de su naturaleza y carácter. Dios es justo. Considerando que es uno de sus atributos, será mejor que lo definamos como lo hace *Él*. La justicia de Dios es lo mismo que su rectitud. Es más, aunque en español *rectitud* y *justicia* son dos palabras diferentes, se traducen del mismo grupo de palabras en hebreo y griego[8]. En otras palabras, se consideran juntos al hablar del mismo atributo de Dios.

Dado que la justicia bíblica parte de la naturaleza y del carácter de Dios y no de nuestro propio sentido interno del bien y el mal, la forma en que definamos el bien y el mal determinará, en última instancia, si la justicia que perseguimos en nuestro mundo es bíblica o no. La definición cultural actual de justicia es un reflejo de lo que el mundo (o nuestro propio corazón) nos dice que es bueno, moral y verdadero. La justicia bíblica es un reflejo de lo que Dios dice que es bueno, moral y verdadero. ¡Son dos cosas muy diferentes y, a menudo, pueden ser opuestas! Si definimos la justicia como lo hace nuestra cultura en la actualidad, podemos terminar violando la definición de justicia de Dios cuando abogamos por algo que Él llama malo o condenando algo que llama bueno. ¿Puedes ver cómo una definición no bíblica de la justicia puede convertirse en una verdadera injusticia? ¿Puedes ver cómo basar tu identidad en tus propios instintos rotos puede ser un juego peligroso?

En la introducción a *Fierce, Free, and Full of Fire,* Hatmaker escribe que por fin sabe quién es, lo que la posiciona para ayudar a sus lectores a descubrir quiénes son. Celebra que su exterior se corresponda por fin con su interior «sin posturas, poses ni fingimientos»[9]. Esto establece un tema que se repite a lo largo de todo el libro: Puedes ser sincero con tus deseos, inclinaciones y tu verdadero yo *o* puedes ser un falso, un pusilánime o un espectador pasivo de tu propia vida. Esta es una dicotomía falsa, pero entiendo por qué resulta tan atractiva. Nadie quiere ser un pretencioso ni un felpudo. ¿No queremos todos que nuestro exterior coincida con nuestro interior?

El problema sutil con esta metodología es que nuestro «interior» no siempre tiene razón en cosas como la moralidad, la sexualidad o las definiciones de palabras como *amor* y *justicia.* Como cristianos, tenemos que someter nuestra vida interior a la autoridad de las Escrituras y, a veces, eso requiere negar nuestros deseos, arrepentirnos de nuestras inclinaciones pecaminosas y reformar nuestras ideas para alinearlas con la verdad revelada de Dios. Cuando no lo hacemos, podemos encontrarnos luchando contra Dios y tratando de construir nuestras identidades sobre unos cimientos agrietados.

UNA AUTOESTIMA AUTÉNTICA

He aquí la buena noticia. Cuando hacemos de Cristo el fundamento de todo, el yo caerá de forma natural en el lugar que le corresponde, lo que nos liberará para vivir en verdadera autenticidad. Tomemos, como ejemplo práctico, el concepto de autoestima. Con el yo como fundamento, nuestra «autoestima» se convertirá enseguida en desprecio propio.

No puedo amarme a mí misma si me engaño sobre quién soy en realidad. Si niego que haya algo malo en la humanidad (y, por tanto, en mí misma), el tipo de amor que me ofreceré será lo contrario de auténtico. Será una autenticidad artificial. Puede que incluso reconozca mi pecado, pero sin una comprensión de la expiación centrada en Cristo, no habrá ningún mecanismo para ser limpiada, perdonada y liberada de la culpabilidad y la vergüenza de mis acciones pecaminosas. Mis únicas opciones serán darme un pase libre (que no hablará de la culpa), aceptar mi pecado como parte de mi identidad (que solo empeorará las cosas), o aceptar la responsabilidad, disculparme y tratar de hacerlo mejor. Esto último es un comienzo, pero con el yo como base, solo llega hasta cierto punto. Claro, puede suavizar las cosas si le gritaste a un amigo o le robaste los vaqueros favoritos a tu hermana durante un par de semanas. No pasa nada. Sin embargo, ¿qué sucede cuando alguien le inflige un mal atroz a otra persona? Si alguien ataca a otra persona en un parque, le roba la cartera, la golpea y la da por muerta, no bastará con que el agresor se disculpe y se ofrezca a tratar de mejorar. Puede asumir toda la responsabilidad del mundo y convertirse en un ciudadano modelo, pero seguirá yendo a la cárcel. La única manera de ser verdaderamente libres del pecado que distorsiona la imagen de Dios en cada uno de nosotros es arrepentirse y confiar en Jesús. Nos quedaremos con inseguridad e incluso con autodesprecio si no reconocemos y aceptamos la naturaleza purificadora de la muerte de Jesús en la cruz.

Esto no significa que no debamos reconocer, celebrar y crecer en los dones y talentos *únicos* que nos ha dado Dios. Lo que sí significa es que debemos orientar esas características hacia la santidad de Dios. Cuando la meta es la santidad, nuestras fortalezas se refinan e intensifican. Sin embargo, cuando la autenticidad es el objetivo principal, nuestras fortalezas pueden convertirse de inmediato en debilidades.

En su libro *8 Great Smarts: Discover and Nurture Your Child's Intelligences* [8 grandes conocimientos: Descubre y cultiva la inteligencia de tu hijo], Kathy Koch observó sabiamente: «Existe una línea muy fina entre nuestros puntos fuertes y nuestros pecados»[10]. Utiliza este ejemplo: Si alguien es bueno con las palabras y con la gente, puede utilizar esos puntos fuertes para motivar a otros si persigue la santidad. No obstante, también puede usar esos puntos fuertes para *manipular* a otros si solo persigue la autenticidad. Aquí es donde la autenticidad bíblica se vuelve tan importante. Vivimos en una cultura donde la gente quiere determinar su propia verdad y luego vivir «auténticamente» a partir de su propia identidad. Sin embargo, nuestra verdadera y auténtica identidad la determina Dios, no nosotros. Nuestra percepción de identidad auténtica debe basarse en las Escrituras o corremos el riesgo de pecar por causa de una fortaleza genuina y no dar en el blanco de aquello para lo que nos crearon.

LA AUTENTICIDAD NO LO ES TODO

La mentira de la que hablamos en este capítulo es que la autenticidad lo es todo. La autenticidad no carece de importancia. No está mal cuando se define de manera adecuada, pero no lo es *todo*. ¿Quieres saber lo que es todo? La santidad de Dios. Eso lo es todo.

La palabra *santidad* tiene que ver con la separación. Significa que Dios no puede tener unidad con el pecado y está separado por completo de él. En la Biblia, la raíz de las palabras hebreas y griegas que se traducen al español como *santidad* significan «cortar o separar»[11]. Sin embargo, la santidad no solo se refiere a que Dios está separado del pecado, sino también a su perfección absoluta. El teólogo Louis Berkof lo expresó así: «La idea de santidad moral no es meramente negativa (separación del pecado); sino que también tiene contenido positivo, es decir, el de excelencia moral o perfección ética»[12].

Una de las realidades de ser cristiano es un proceso llamado santificación. *Santificar* significa ser apartado[13]. En esencia, la santificación es un proceso que comienza con la conversión y continuará hasta que se complete en el cielo. Es donde cada día somos más semejantes a Cristo, buscando la santidad de Dios en nuestra propia vida. En otras palabras, cada día somos transformados a su imagen mediante la renovación de nuestra mente (Romanos 12:2). En 1 Juan 1:7 se nos dice: «Si andamos en la luz, como Él está en la luz, tenemos comunión los unos con los otros, y la sangre de Jesús su Hijo nos limpia de todo pecado». El teólogo Charles Ryrie describió la santificación como la solución perfecta al enigma del pecado versus la perfección. Como cristianos, no podemos vivir a la perfección sin pecado, ni se nos ha dado un pase libre para vivir y pecar como nos plazca. Más bien, debemos *andar en la luz*. Ryrie lo explica de esta manera:

> A la medida que crezcamos, el círculo de luz se expandirá. Y a la medida que respondamos a la luz progresiva recibiremos más luz, y así sucesivamente.
>
> En resumen: La norma es la santidad de Dios. El requisito es andar en la luz. Nuestra experiencia siempre

debe ser ascendente, creciendo hacia la madurez. Esa es la genuina perfección bíblica[14].

El erudito anglicano Stephen Neill describió andar en la luz como «sinceridad absoluta... el ser, por decirlo así, de una pieza, no tener nada que ocultar ni hacer intento alguno de ocultar algo»[15]. Andar en la luz significa que somos transparentes y sinceros por completo con Dios, permitiendo que las partes ensombrecidas de nuestros corazones, deseos, pensamientos y vidas interiores queden al descubierto y expuestas ante el rayo brillante de su poder de convicción. Entonces respondemos con humildad, confesión, arrepentimiento y agradecimiento, mientras Él continúa iluminándonos, convenciéndonos e impulsándonos hacia la santidad.

Eso es la santificación. Vivir la autenticidad bíblica es celebrar la belleza de los dones, talentos y personalidades únicos que Dios creó en cada uno de nosotros. Sin embargo, también es reconocer que el pecado ha manchado esos rasgos y, sin la sangre purificadora de Cristo, nuestras fortalezas particulares pueden convertirse en armas de pecado. Ser bíblicamente auténticos no significa que le guiñemos el ojo al pecado, que lo celebremos o nos rindamos a causa de nuestro pecado. Significa que exponemos cada rincón oscuro de nuestro corazón a la luz y vivimos allí. Enfrentamos nuestro pecado, nos arrepentimos y buscamos conformarnos más a la imagen de Cristo día a día.

SIGUE ADELANTE Y RENUNCIA A TUS SUEÑOS

He renunciado a dos sueños en mi vida: ser gimnasta y cantautora. Ambas vocaciones estaban arraigadas en lo más profundo en lo que determiné que era mi identidad. En cambio, estaba equivocada. Mi identidad no es lo que hago, lo que siento, a quién amo, quién me atrae ni lo que creo que me satisfará. Mi identidad es quien la Biblia me dice que soy... es quien soy en Cristo. Y su Espíritu le da testimonio a mi espíritu de que *soy hija de Dios* (Romanos 8:16). Ese conocimiento es muy liberador, pues significa que no importa lo que le ocurra a mi cuerpo físico ni a mi imaginación metafísica, yo soy suya y Él es mío. Significa que no importa dónde me encuentre desde el punto de vista geográfico, lo que sienta en lo emocional, lo que sepa de modo intelectual ni cuáles sean mis limitaciones físicas, puedo estar en comunión con Dios y glorificarlo en cualquier situación en la que me ponga. ¡Qué libertad!

Dios tenía un sueño para mí que yo nunca podría haber soñado. Durante la mayor parte de mi vida, pensé que mi identidad era la de cantautora. En lo más profundo creía que, si no podía cantar para Jesús, perdería el propósito de mi vida. Sin embargo, Dios, en su insondable y vasta misericordia, me quitó ese sueño. Le doy gracias a Jesús que tenía un sueño mejor. De manera providencial, me puso en una clase que sacudiría mi fe y me haría estudiar como nunca antes. (Este es un viaje que narro en mi libro *Another Gospel? A Lifelong Christian Seeks Truth in Response to Progressive Christianity* [¿Otro Evangelio? Una cristiana de toda la vida busca la verdad en respuesta al cristianismo progresivo]. Me abrió las puertas para ayudar a otros con sus dudas y preguntas. Me llevó a crear un blog, que se convirtió en un pódcast, que se convirtió en un libro, que se convirtió en un canal de YouTube, que se convirtió en otro libro. Nada de esto lo vi venir. No podría haber previsto sentirme más realizada y satisfecha en mi identidad como hija de Dios de lo que nunca podría haberme sentido como música. Porque mi identidad no es lo que hago. Es lo que soy. Soy una hija de Dios tanto si canto o escribo como si me silencian la enfermedad y las dolencias. Hoy escribo. Quizá mañana lave los pies, limpie los baños o inicie un blog de comida. Dios lo sabe. *Él es digno de confianza.* La verdadera autenticidad bíblica consiste en glorificar a Cristo con cualquier don y talento que me ha dado. Como dice mi amiga Teasi, este es mi llamado, ya sea que me encuentre en un palacio o en una cárcel[16].

No es de extrañar que el mundo en general nos diga que profundicemos en nuestro interior para descubrir nuestro yo auténtico; después de todo, da por sentado que esta vida es el único motivo por el que vivimos. Saber quiénes somos en Cristo y vivir con autenticidad bíblica es un don en el que solo nos podemos enfocar cuando tenemos una perspectiva eterna. La vida aquí en la tierra es temporal. Es un punto luminoso en el radar de la eternidad. Teniendo esto en cuenta, ¿no deberíamos «vivirla» *ahora*? *Después de todo, solo tenemos una vida,* ¿verdad? Algo parecido...

7
NUEVA YORK
Solo tienes una vida

Hay más cosas en el cielo y en la tierra,
Horacio, de las que sueña nuestra filosofía.

William Shakespeare, *Hamlet, Acto 1, Escena 5*

Oh, Nueva York. Estoy enamorada de la ciudad que nunca duerme desde que, con catorce años, bajé del avión en el aeropuerto internacional JFK en el verano de 1989. Ese día estaba nublado (lúgubre para la mayoría de los estándares), pero la atmósfera sombría no hizo sino intensificar el espectáculo de fuegos artificiales de estímulos que involucraron cada uno de mis sentidos. Lo primero que llamó mi atención fue el aire pesado y húmedo que parecía hacer que cada olor desconocido se uniera como un extraño y satisfactorio ramo de posibilidades. Olía a esperanza. Y suciedad. Y a olores corporales. Y a perfumes, gases de escape y algo más que nunca he podido describir con palabras. Es un aroma exclusivo de Nueva York que nunca antes había olido y que nunca había olido en ningún otro lugar. Quizá sea el olor de la tierra y de los minerales que se niegan por décadas a que se les apaguen de edificios, automóviles y personas. En Nueva York, el smog, la gasolina y el acero oxidado compiten por el dominio olfativo de las empanaditas calientes, el pan recién horneado y los frutos secos confitados. Si la ironía fuera un olor, sería este: todo lo mejor y lo peor del progreso humano en una sola bocanada.

La sal del océano Atlántico penetraba en el aire con un zumbido que podía saborear en la lengua. La barandilla que me guiaba hacia el aparcamiento se sentía ligeramente húmeda debido al bochorno, y podía oler el metal mojado que asomaba a través de la pintura amarilla desconchada y ampollada. Las bocinas de los vehículos, los radiocasetes a todo volumen y el parloteo constante de más gente de lo razonable para un lugar tan pequeño se convirtieron en la banda sonora de mis recuerdos allí. Me encantó hasta el último detalle. Bob Dylan describió su primer viaje a la ciudad de Nueva York de esta manera: «Fuera, el viento soplaba con fuerza, deshaciendo las nubes en jirones, arremolinando la nieve bajo la luz ambarina de las farolas. Aquí y allá se vislumbraban personajes habituales del asfalto, arrebujados en sus abrigos —castañeras, vendedores con orejeras que pregonaban cachivaches—, entre las bocanadas de vapor que exhalaban las alcantarillas»[1]. Experimentó la Gran Manzana en un invierno décadas antes de que yo llegara, pero su alma había permanecido sin cambios incluso en el calor del verano.

Me encantó la diversidad. Personas de todo el mundo (de todas las tribus, naciones y lenguas) consideran a Nueva York su hogar. Individuos de todas las perspectivas, religiones y filosofías se apiñan unos junto a otros y unos encima de otros en edificios que solo pueden ir hacia arriba. Algunas ciudades crecen hacia el norte o el sur, pero Nueva York crece hacia el cielo. Me encantó la sinceridad directa y sin rodeos de los neoyorquinos, que no toleraban las charlas triviales ni las bromas sin sentido: #aintnobodygottimeforthat [#nadietienetiempoparaeso]. Hay quien dice que los neoyorquinos son maleducados. A mí, que era una adolescente bastante ingenua y educada, me parecían encantadoramente francos.

No habían pasado ni siete años cuando mi yo de veintiún años volvió a bajar del avión en el aeropuerto JFK. Esta vez, no estaba allí de visita, sino para quedarme durante casi dos años que cambiarían mi vida. Me habían invitado a ayudar a una pequeña iglesia en Lower East Side para ministrarles a los niños del vecindario abriendo un centro juvenil. Ofrecíamos un programa extraescolar para jóvenes que, en su mayoría, los criaban madres solteras trabajadoras. Me gocé en dar clases, dirigir y amar a estos niños que, por cierto, eran algunas de las personas más inteligentes y creativas que he conocido. Cuando alguien no tiene los recursos para comprar todos los juguetes de moda que salen al mercado, se ve obligado a crear sus propios entretenimientos. Recuerdo un juego en el que los niños le añadían peso a las tapas de botellas con chicle y las lanzaban de un lado a otro tratando de sacar a su oponente de un círculo dibujado con piedras.

Me encantaban esos chicos. Sin embargo, entre dirigir el culto un par de veces a la semana, tener otro trabajo a tiempo parcial, cumplir con las exigencias del centro juvenil todos los días de la semana y ayudar en otras actividades y alcances de la iglesia, me agoté muy pronto.

Hasta el día de hoy, de vez en cuando tengo un sueño recurrente sobre Nueva York mientras estoy en las etapas más profundas del sueño. El sueño es siempre el mismo. Voy caminando por la calle. No estoy segura de cuál, pero en el sueño me resulta muy conocida. Puedo saborearla, tocarla, olerla, verla y oírla. Aun así, no recuerdo el nombre. ¿Houston? ¿Bleeker? ¿Broadway? ¿Segunda Avenida? ¡Madre mía!... ¿cuál es? Nunca consigo identificarla. Empiezo a caminar por la calle que no puedo nombrar mientras busco una casa a la que no puedo llegar. Es un pequeño apartamento en algún lugar al sur del Soho, ¿pero dónde? No estoy segura. No me acuerdo. Cuando pienso en eso, veo hermosos tonos amarillos y naranjas, y me parece un hogar y una familia, calor y comida, seguridad, música, amor y comodidad, todo en uno. Sin embargo, nunca lo puedo encontrar. ¿Por qué no recuerdo dónde está? Siempre acabo vagando por la calle hasta que me doy por vencida o me despierto. La casa siempre se me escapa. Nunca la encuentro. A veces me acerco. Una vez incluso vi la puerta principal, un rectángulo marrón oscuro en lo alto de unos escalones de hierro que suben desde una cafetería de la esquina. De todas maneras, nunca consigo llegar. Cada vez que me acerco, el tiempo se detiene, los brazos y las piernas me pesan, y me resulta casi imposible moverme. Intento poner un pie delante del otro, pero es como si estuvieran atascados en cemento húmedo. De algún modo, en este sueño, sé que si consigo llegar, estaré en casa. No habrá más lágrimas ni penas ni dolor. Aquí es donde viven los que están firmes.

#YOLO

Diviértete más. Haz lo que te haga feliz. Lleva zapatillas Crocs al baile. Compra las galletitas de las niñas exploradoras. Paga de más por los tacos. Date un capricho con ese postre exquisito. Bebe ese cóctel extra. Compra esas zapatillas tan caras. Atrévete a comprar ese nuevo auto deportivo. Ve de excursión a esa montaña. Evita el montón de ropa en tu cuarto de lavado. Paga por ese maratón. Decide que pagarías por *no* correr un maratón. Una búsqueda rápida de la etiqueta #YOLO (you only live once [solo se vive una vez]) en las redes sociales proporcionará muchas declaraciones como las anteriores. Algunas son comiquísimas. Otras son más serias. Algunas son buenas y saludables, mientras que otras son de poca ayuda, pecaminosas y hasta tóxicas. Sin embargo, ¿qué tienen en común todas estas declaraciones? El motivo. El *motivo* detrás del *porqué* y del *qué* es el mismo. El motivo lógico detrás de la idea de que solo se vive una vez es este: No hay consecuencias eternas por nuestras decisiones. Todo termina cuando morimos. Se apagan las luces. Más vale vaciar nuestras cuentas de ahorro y reservar esas vacaciones de lujo con las que hemos estado soñando. ¿Por qué no, verdad?

Esta idea me golpeó en la cara una noche cuando apareció un anuncio de televisión durante mi programa favorito en horario de máxima audiencia. Comenzó tocando una canción alegre confusa de fondo en un cortejo *fúnebre* en la que un joven de aspecto triste marchaba sobre la nieve mientras otro hombre miraba su reloj. (¿Porque los funerales son tan aburridos?). La escena se cortó a un auto que se aleja de la tumba rechinando los neumáticos mientras el joven del reloj se dirige a un exclusivo club de moda lleno de música en directo, licores y mujeres hermosas. Una canción que resonaba por encima del baile, la bebida, las risas y el flirteo instaba a los juerguistas a divertirse; «es más tarde de lo que crees». A continuación, el eslogan: «Tienes una sola vida» parpadeaba en la pantalla cuando el producto, un *whisky* de pura malta, entró en escena. El claro mensaje del anuncio era que nada te recordará con más claridad tu propia mortalidad que un funeral y, en algún momento, cada uno de nosotros estará en ese ataúd. Un día estarás a dos metros bajo tierra, así que diviértete. Porque #YOLO.

LA NOVOCAÍNA DEL VAMPIRO

Como ya vimos, los materiales que enfatizan la autosuficiencia y la autonomía se venden como pan caliente, pues parecen positivos a primera vista. No obstante, si lo pensamos bien en realidad, son como el superpoder de Alec, el vampiro de la exitosa saga Crepúsculo de Stephenie Meyer. Tengo que confesar algo. Leí *Crepúsculo* cuando salió por primera vez, convenciéndome de que era con «fines de investigación», ya sabes, para saber qué les gustaba a los niños de hoy en día. En realidad, quedé enganchada por completo con el argumento y la mitología inusuales del universo Cullen. Olvídate de que la historia se basa en un triángulo amoroso entre un vampiro melancólico de ciento cuatro años, una chica torpe y malhumorada de diecisiete años sin talento ni objetivos en la vida, y un joven hombre lobo de carácter dulce, pero revoltoso. Era *La Bella y la Bestia* con esteroides.

En el mundo de Crepúsculo, cada vampiro posee una habilidad especial que le es propia. Edward puede leer la mente, Jasper puede controlar el estado de ánimo de la gente. Alice puede ver el futuro, y Jane puede incapacitar a otros con un intenso dolor físico. Entonces tenemos a Alec. Alec puede manifestar una niebla similar a la que se arrastra sobre la gente y poco a poco apaga sus sentidos, incluso paralizándolos a su voluntad. Su don especial puede utilizarse para matar a enemigos sin que se den cuenta de lo que ocurre.

Al final de la saga Crepúsculo, se produce un enfrentamiento entre la familia Cullen y los Volturi, una especie de realeza vampírica. Alec, un Volturi, envía la niebla para dejar a los Cullen sin poder y más fáciles de controlar. Aun así, no tan rápido. Entra Bella Cullen, cuyo superpoder resulta ser crear un escudo mental alrededor de los demás, cortando la influencia de ciertos tipos de poderes. Envuelve a su familia en una burbuja de protección y, cuando la niebla la alcanza, comenta: «La noté en cuanto rozó mi escudo. Tenía un sabor denso y muy dulce, hasta resultar empalagosa. Me recordó en cierto modo ese embotamiento de la lengua tan característico de la novocaína»[2].

No es difícil ver la comparación aquí. La niebla encantadora que nos dice: «Solo tienes una vida» nos adormece ante los pensamientos sobre nuestro destino eterno. Al igual que la niebla de Alec, tiene una dulzura sutil y espesa. Es embriagadora. Si podemos desconectar nuestros sentidos de la realidad inminente del cielo, el infierno y el juicio final, podemos ser libres para perseguir nuestra mejor vida ahora. Podemos justificar todo tipo de diversión y frivolidad, placer y compras, pues, ya sabes, #YOLO.

FUERA DE ESTE MUNDO

Como cristianos, se supone que no debamos pensar de esta manera. Jesús quiere que nuestro corazón esté enfocado en el cielo, no en la tierra. En Mateo 6:19-21, Jesús enseña que el único lugar donde debemos acumular tesoros es en el cielo. Todo lo que construimos para este mundo nos lo pueden robar, romper o arruinar. Enfatiza: «Donde esté tu tesoro, allí estará también tu corazón». En Juan 17:14, cuando Jesús está orando por sus discípulos, señala que el mundo los odia porque «no son de este mundo» así como Él no es de este mundo. En Juan 15:18-19, Jesús, mientras habla a sus discípulos durante la Última Cena, les explica que si nos identificamos con los que se le oponen (el mundo), nos amarán, pero si seguimos a Cristo, nos odiarán. En Juan 18:36, Jesús se centra en la eternidad cuando declara: «Mi reino no es de este mundo». Nos advierte: «¿Qué provecho obtendrá un hombre si gana el mundo entero, pero pierde su alma?», y continúa afirmando que volverá y «recompensará a cada uno según su conducta» (Mateo 16:26-27).

En Filipenses 3:12-21, el apóstol Pablo desarrolla esta idea. Insta a los cristianos a pensar en términos de proseguir «hacia la meta para obtener el premio del supremo llamamiento de Dios en Cristo Jesús» (versículo 14). Nos recuerda que nuestra principal ciudadanía no es un país, un estado ni una ciudad de la tierra: «Nuestra ciudadanía está en los cielos, de donde también ansiosamente esperamos a un Salvador, el Señor Jesucristo, el cual transformará el cuerpo de nuestro estado de humillación en conformidad al cuerpo de su gloria, por el ejercicio del poder que tiene aun para sujetar todas las cosas a sí mismo» (versículos 20-21).

Puede resultar chocante reorientar nuestra forma de pensar de este modo, sobre todo si no estamos acostumbrados a considerarnos «peregrinos» en la tierra, como el apóstol Pedro se refiere a los cristianos. En 1 Pedro 2:9-12, escribe que nos escogieron y que somos posesión de Dios. Esto no significa que Dios tenga la intención de que seamos desdichados o que debamos negarnos cosas buenas mientras estemos en la tierra. Más bien, Pedro explica que nos vemos como peregrinos, a fin de poder «[anunciar] las virtudes de aquel que [nos] llamó de las tinieblas a su luz admirable» (versículo 9). En otras palabras, tenemos buenas noticias que dar acerca de un mundo mucho mejor al que Dios nos invita a entrar. Teniendo esto en cuenta, Pedro insta a los seguidores de Cristo a guardarnos de las pasiones pecaminosas que están en guerra con nuestras almas.

¿Significa esto que no debemos disfrutar de nuestras vidas ni permitirnos alguna vez una buena comida, diversión y celebración? ¡Por supuesto que no! No estamos hablando de esperar nuestro momento en la tierra hasta que podamos escapar al cielo. Significa que nuestros ojos deben estar fijos en nuestro hogar eterno, el Reino de Dios. David describió de manera maravillosa este Reino unos mil años antes de que lo hiciera Jesús: «Me darás a conocer la senda de la vida; en tu presencia hay plenitud de gozo; en tu diestra, deleites para siempre» (Salmo 16:11). Su Reino es infinitamente mejor que el placer que obtenemos del subidón de azúcar o de adrenalina de un comprador temporal. El cielo no es un lugar extraño y sobrenatural donde los ángeles se sientan en las nubes con arpas. Es nuestro hogar. El filósofo Peter Kreeft lo dijo de esta manera:

> El hogar. Eso es el cielo. No parecerá extraño y lejano y «sobrenatural», sino natural por completo. El cielo es para lo que nos diseñaron. Todas nuestras epopeyas lo buscan: Es el «hogar» de Odiseo, de Eneas, de Frodo, de E. T. El cielo no es escapista. La mundanalidad es escapista. El cielo es el hogar.[3]

COMPAREMOS

Ahora que le dimos un vistazo al Reino que satisface el alma y del que somos ciudadanos, comparemos lo que la Biblia dice con lo que dicen algunos autores y maestros populares en recursos comercializados para cristianos:

Estimado lector: SOLO TIENES UNA VIDA QUE VIVIR. ¿Qué pasaría si murieras mañana sin haber hecho realidad tu sueño?[4]

Me encanta poner imágenes detrás de la puerta de mi clóset para recordarme todos los días cuál es mi meta. Ahora mismo encontrarás pegadas en mi puerta: la portada de una revista Forbes con un artículo de mujeres CEO que llegaron a ser millonarias por esfuerzo propio, una casa de vacaciones en Hawái... y una foto de Beyoncé, obviamente[5].

Estas citas revelan cómo la mentalidad #YOLO es bastante egoísta por naturaleza, y se centra solo en el aquí y ahora en lugar de hacerlo en lo eterno. Sin embargo, qué gozo saber que aun si nunca logras ese sueño que has tenido desde que eras niño, tienes una vida mucho mejor que esperar. Y aun si de alguna manera lograras ese sueño, no se compara con el gozo que te espera en el cielo. Aunque nunca compres esa casa de vacaciones, consigas ese trabajo de ensueño, recibas ese ascenso o logres que te entren esos vaqueros, esta vida no es el evento principal. Esta perspectiva también es útil cuando tienes que negarte a ti mismo y obedecer a Cristo incluso cuando te duele, cuando sus mandatos se meten en tus asuntos y te hacen sentir incómodo.

Santiago, el hermano de Jesús, nos da un sabio consejo en Santiago 4:14: «No sabéis cómo será vuestra vida mañana. Solo sois un vapor que aparece por un poco de tiempo y luego se desvanece». Y tómate un momento para reflexionar sobre estas palabras de Pablo y sus compañeros *después* que a Pablo lo apedrearan y dieran por muerto por predicar el evangelio: «Es necesario que a través de muchas tribulaciones entremos en el reino de Dios» (Hechos 14:22).

¿Qué tiene todo esto que ver con un apartamento en Nueva York que nunca puedo encontrar? De manera literal, todo. Anhelo el calor reconfortante de ese hogar imposible de encontrar porque mi alma anhela algo que sea de veras *real*. Es algo así como el hambre y la sed. Nuestro cuerpo experimenta la necesidad del alimento y la bebida *porque* existe algo real que satisface esos deseos. Piénsalo. ¿Tu cuerpo experimentaría sed si no existiera el agua? ¿Sentirías hambre si el alimento no fuera una realidad?[6] Todos tenemos una profunda sensación de metas no alcanzadas, amores no correspondidos y sueños incumplidos debido a que el objeto de esos deseos es real, aunque no se realicen por completo en esta vida. ¿No es emocionante?

Cuando me despierto con esa sensación de vacío, ese dolor de decepción, ese nudo en el estómago, sé que lo que de veras anhelo es algo que ningún apartamento en la tierra puede darme. Anhelo el cielo. Incluso si todas las esperanzas que tengo para mi vida aquí en la tierra nunca están a mi alcance, sé que algo mucho más hermoso, satisfactorio y maravilloso me espera al otro lado. Y aunque consiguiera todo lo que me propusiera en esta tierra, palidecería en comparación con el éxtasis absoluto de verme envuelta en el amor de Dios para siempre.

Sin embargo, esto es difícil de vender en un mundo que ha convertido a Dios en una máquina expendedora mágica, que reparte todas las golosinas que desea nuestro pequeño corazón. Esto nos lleva a otra mentira que debemos desentrañar si queremos que esto cale de veras en nuestros huesos. Detesto ser yo quien lo diga, pero el objetivo supremo de Dios para ti no es tu felicidad.

8
MOSQUITOS
Dios solo quiere que seas feliz

Parecían estar mirando la oscuridad, pero
sus ojos miraban a Dios.

Zora Neale Hurston, *Sus ojos miraban a Dios*

Mi amiga Médine sobrevivió a un largo y agotador año y medio como refugiada tras estallar una guerra civil en su Congo natal. Con su ciudad de origen Dolisie en llamas tras ella, ató a su hijo de dieciséis meses, David, a la espalda y partió con su familia para sobrevivir a lo que serían dieciocho meses de sinhogarismo, desnutrición, sed, enfermedades, aldeanos hostiles, tiroteos y el peligro incesante de las milicias y bandas ambulantes. Sin líneas de suministro internacionales que trajeran ayuda o provisiones, Médine y su familia se vieron obligados a caminar por zonas boscosas con los pies magullados por el terreno pedregoso, a fin de encontrar comida y refugio. Nadie tenía zapatos adecuados. No había medicina. La comida escaseaba y el agua potable era escasa. El agua que encontraban solía estar sucia y contaminada, por lo que la disentería era una realidad cotidiana.

A menudo, Médine tenía que caminar más de diez kilómetros bajo un sol abrasador para buscar raíces de yuca que luego cosechaba, llevaba a su familia, cocinaba y servía como única comida del día. Médine recuerda:

La mayoría de las veces, para llegar a los campos de yuca, teníamos que atravesar oleadas de hormigas guerreras. Algunas caían de los árboles sobre nosotros, otras trepaban por nuestras piernas. Teníamos que desnudarnos y quitárnoslas del cuerpo; podíamos sacudirlas del cuerpo y matarlas, pero aun así teníamos que quitarnos las mandíbulas de la piel[1].

(Buen consejo: La próxima vez que un amigo se queje de algo insignificante, pregúntale: «¿Pero te tuviste que quitar las *mandíbulas de hormiga* de la piel?). A veces tenían que comer ratas para obtener proteínas. Pasaban las noches en suelos de tierra sin mantas, acurrucados y temblando antes de que comenzara de nuevo todo el proceso de caminar kilómetros, beber agua sucia y buscar comida. La situación era difícil en especial para las mujeres, que sufrían constantes amenazas de agresión sexual. Como dijo Médine: «La violación era un arma de guerra frecuente».

Por si todo eso fuera poco, uno de los peligros más constantes a los que se enfrentaban era la malaria. La gente tenía hambre, pero los mosquitos más. Dado que los mosquitos superaban en número a las personas en una proporción de mil millones a uno, Médine y su familia se convirtieron en la comida constante para estas plagas voraces. No puedo imaginar lo que fue para ella despertarse por la noche y ver la cabeza de su bebé tan llena de picaduras que parecía que le hubiera crecido pelo de la noche a la mañana. Tanto ella como David contrajeron malaria más de una vez. David estuvo a punto de morir. Mucha gente murió.

LA POBREZA DE LA PROSPERIDAD

La desgarradora historia de Médine representa el nivel de adversidad que muchas personas en el mundo han soportado a lo largo de la historia. Puede parecer impactante para quienes comemos tres veces al día y tenemos acceso a agua potable, ropa, zapatos, refugio y repelente de insectos, pero hasta tiempos más modernos y el auge de la civilización occidental, la vida era bastante difícil para todos. Los cristianos esperaban dificultades. Daban por sentado que, aunque esta vida estuviera plagada de sufrimiento, tenían un Dios que caminaba a su lado en este mundo, ofreciéndoles una esperanza futura de dicha eterna en el siguiente. Sin embargo, algo sucedió en la historia reciente que puso patas arriba la narrativa. Nos enriquecimos. Nos volvimos prósperos y confiados. Ya no necesitábamos depender de Dios cada segundo de cada día, pues teníamos abrigos que nos mantenían calientes y autos que nos llevaban a los trabajos que nos daban dinero para gastar en comida, ropa y medicina moderna. Todas estas cosas son buenas. Le doy gracias a Dios por ellas, en especial por la medicina moderna y la invención de la anestesia. ¿Podemos dedicar un momento a darle gracias a Dios por la anestesia?

No obstante, hay cierta pobreza que surge de la prosperidad. Tendemos a olvidarnos del verdadero propósito de la vida. ¿Recuerdas cuál es? Adorar a Dios y disfrutar de Él para siempre. Después de todo, nos crearon a su imagen. Cuanto más cerca estemos de Él, más felices seremos en realidad. Aun así, cuando disponemos de un verdadero surtido de comodidades y posesiones que nos distraen de nuestra verdadera necesidad espiritual, tenemos que hacer un esfuerzo consciente para recordarnos lo dependientes que somos de Dios. Por eso no siempre su principal objetivo es que nos sintamos cómodos y felices en la tierra. Como veremos, las pruebas son un regalo.

Una nueva religión cultural

A principios de 2001, el sociólogo Christian Smith dirigió un equipo de investigadores del Estudio Nacional de Juventud y

Religión, que evaluó las creencias espirituales del adolescente estadounidense promedio. Tras entrevistar a más de tres mil adolescentes, identificaron cinco creencias que el adolescente típico tenía en común:

1. Existe un Dios que creó y ordena el mundo, y vela por la vida humana en la tierra.

2. Dios quiere que la gente sea buena, amable y justa con los demás, como enseñan la Biblia y la mayoría de las religiones del mundo.

3. El objetivo central de la vida es ser feliz y sentirse bien con uno mismo.

4. Dios no tiene por qué estar especialmente implicado en la vida de uno, salvo cuando se le necesita para resolver un problema.

5. La gente buena va al cielo cuando muere[3].

Smith y su equipo resumieron estas creencias acuñando una nueva frase: deísmo terapéutico moralista. En esencia, los adolescentes estadounidenses tenían la impresión de que Dios solo quería que fueran felices y amables unos con otros. Este bondadoso terapeuta del cielo les concedería sus deseos si los necesitaran, pero por lo demás mantendría la distancia. Desde luego, no se entrometería en su vida sexual ni les pediría que hicieran nada que les hiciera sentir tristes, incómodos o privados de algo. Para quienes tienen esta mentalidad, el yo se convierte en el centro del universo. Ahora que todos esos adolescentes son adultos, este sistema de creencias ha calado en todos los ámbitos de la sociedad. Nos lo hemos creído a pies juntillas.

DIOS QUIERE *DE VERAS* QUE SEAS FELIZ...

Cuando interpretamos la Biblia como es debido, descubrimos... ¡sorpresa! En realidad, no es mentira que Dios quiere que seas feliz... dependiendo de cómo caracterices la *felicidad*. Mucha gente define hoy la felicidad como un estado psicológico de satisfacción. Es la buena sensación que tienes cuando saboreas una rica taza de café o aprecias una hermosa puesta de sol. La cultura popular nos dice que la felicidad significa controlar nuestras circunstancias de manera que nos permitan tener esas buenas sensaciones tan a menudo como sea posible, y si no experimentamos esas buenas sensaciones, debemos cambiar nuestras circunstancias. ¿Eres infeliz en tu matrimonio? Divórciate. ¿Te sientes deprimido? Emborráchate. ¿Te abruma la maternidad? Utiliza las redes sociales para desahogarte sobre los pequeños monstruos que son tus hijos. El problema: Este tipo de emociones y comportamientos son pasajeros y coyunturales. Cambiar nuestras circunstancias a veces nos hace sentir mejor en el momento, pero puede perjudicarnos a nosotros mismos y a los demás a largo plazo.

La Biblia define la felicidad de una manera diferente por completo. No es un estado psicológico ni una emoción que experimentamos. Se describe más bien como una alineación con Dios y la obediencia a su Palabra. Es un gozo centrado en Dios, no una mejora del estado de ánimo egocéntrica. Considera Hechos 5:17-42, cuando los líderes religiosos arrestaron y encarcelaron por predicar el evangelio y sanar a la gente. De manera milagrosa, un ángel los sacó de la cárcel y les dijo que fueran directamente al templo a predicar. Obedecieron, lo que provocó que los líderes religiosos los azotaran con la advertencia de que dejaran de hablar en el nombre de Jesús. Ponte por un momento en el lugar de los discípulos. ¿Cómo responderías? Detesto admitir que tal vez cuestionaría la bondad de Dios por un momento. Quizá pensaría algo como: *¿En serio, Dios? ¿Enviaste* *a un ángel para que literalmente me escoltara fuera de la cárcel y, luego, cuando hago lo que el ángel me dijo que hiciera, me golpean y amenazan? ¿Qué sentido tiene eso?* Respondería centrada en mí misma, no centrada en Dios.

Sin embargo, ¿cómo dice la Biblia que respondieron los apóstoles? «Salieron de la presencia del concilio, regocijándose de que hubieran sido tenidos por dignos de padecer afrenta por su Nombre» (versículo 41). ¿Cómo es posible? ¿Qué sabían ellos que a nosotros a veces nos cuesta meternos en la cabeza? Creo que entendían lo que es la verdadera felicidad. La felicidad bíblica no proviene de tener cosas, de sentirnos bien con nuestras circunstancias o incluso de encontrar satisfacción romántica. Esas cosas nos hacen *sentir* bien, pero no pueden traer la felicidad definitiva. En algunos casos, pueden incluso distraernos de la verdadera felicidad. La verdadera felicidad bíblica es saber en el fondo que, sin importar nuestras circunstancias, estábamos perdidos y ahora Él nos encontró. Hemos experimentado el amor de Cristo, que siempre trae aliento y consuelo. Según nuestra cultura, esto no tiene sentido, pero en la sabiduría de Dios, es perfecto. Debe ser por eso que el apóstol Pablo pudo expresar verdadera felicidad a pesar de estar amenazado de muerte: «Aunque haya de ser derramado como una ofrenda líquida sobre el sacrificio y servicio de su fe, me gozo y me regocijo con todos ustedes. De igual modo, gócense también ustedes y regocíjense conmigo» (Filipenses 2:17-18, RVA-2015).

... PERO DIOS QUIERE SOBRE TODO QUE SEAS OBEDIENTE

No es de extrañar que Pablo pudiera regocijarse en circunstancias difíciles. Le dio la vuelta al sufrimiento. En el paradigma bíblico, el sufrimiento no se opone a la felicidad; van de la mano. Durante su ministerio, Pablo sufrió hambre, sed y frío. Lo secuestraron, golpearon, azotaron, encarcelaron, ridiculizaron, apedrearon y sufrió naufragio; todo esto antes de que por fin lo decapitaran.

En Romanos 8:38-39, nos recuerda que nada puede separarnos del amor de Cristo, mencionando de manera específica la tribulación, la angustia, la persecución, el hambre, la desnudez, el peligro y la espada.

Pablo era tan experto en el sufrimiento que incluso le suplicó a Dios que le quitara una misteriosa «espina en la carne». Cualquiera que fuera esta aflicción en particular, la describió como «un mensajero de Satanás que me abofetee» y le rogó a Dios tres veces que se la quitara (2 Corintios 12:7-8). La respuesta fue un no rotundo. Dios le dijo que su gracia le bastaba. Así que Pablo decidió jactarse de sus debilidades. Declaró de forma gloriosa: «Por eso me complazco en las debilidades, en insultos, en privaciones, en persecuciones y en angustias por amor a Cristo; porque cuando soy débil, entonces soy fuerte» (versículo 10). Pablo no se limitaba a ver el lado bueno de las cosas ni a mantener una perspectiva optimista como Pollyanna mostrándose alegre en la famosa película de Disney. Se trata de un hombre que reconoció el profundo beneficio y el don supremo que supone el sufrimiento en la vida de un cristiano. Pablo comprendió que para ser de veras feliz, tienes que sentirte cómodo con el sufrimiento. Desde la celda de una prisión, les escribió estas palabras a los creyentes de Filipos: «A ustedes se les ha concedido no solo creer en Cristo, sino también sufrir por él» (Filipenses 1:29, NVI).

De acuerdo. Detengámonos por un momento. Pablo podría parecer que le gusta el castigo o es una especie de masoquista. Todo lo contrario. Pablo está tratando que entendamos que las dificultades que experimentamos en esta vida nos están preparando para la eternidad. En el orden del cielo, el sufrimiento produce gozo. ¿Recuerdas a Elisabeth Elliot, del capítulo 5, que vivió como misionera entre la tribu que asesinó a su esposo?

Joni Eareckson Tada cuenta que la conoció muchos años después, cuando las dos hablaban juntas en una conferencia. Joni, paralítica del cuello para abajo a consecuencia de un accidente de buceo en su adolescencia, también sabía un par de cosas sobre el sufrimiento. Recuerda con cariño el encuentro: «Solo éramos seguidoras de Cristo que nos lanzamos a las profundidades de su gozo probando sus aflicciones. Esas aflicciones nos causaron heridas profundas en el corazón, a través de los cuales la gracia y el gozo se derramaron a raudales, extendiendo y llenando nuestras almas con la abundancia de nuestro Señor»[4].

EL HAMBRE ES LA MEJOR SAZÓN

¿Alguna vez has pensado que cuanta más hambre tienes, mejor sabe la comida? ¿Te has preguntado por qué el agua fría satisface mucho más cuando tu garganta arde de sed? Apliquemos eso a la felicidad. ¿Y al dolor? Piensa en el peor dolor físico que hayas experimentado. En mi caso, fue el parto. Hasta que lo experimenté, ni siquiera tenía una categoría mental para ese nivel de agonía. Sin embargo, en el momento en que nació mi hija, el dolor cesó y todo mi cuerpo se inundó del alivio más asombroso y eufórico. Sin la miseria, no tendría una categoría mental para ese nivel de euforia.

Ese es un ejemplo extremo, pero tomemos el cuento clásico *Charlie y la fábrica de chocolate*. Leí el libro de niña y me encantó la versión de 1971 de la película, donde Gene Wilder actuó a la perfección el personaje de Willy Wonka. (¿Podemos guardar un minuto de silencio para llorar el desastre que supuso la versión de 2005 protagonizada por Johnny Depp? Lo siento, Johnny. Haces un pirata estupendo y me encantaste como Eduardo Manostijeras, pero es difícil verte como Wonka). Según la historia, el personaje de Veruca Salt es una mocosa malcriada que manipula a sus padres para que le compren todo lo que quiere solo con gritar.

Charlie, en cambio, es un chico humilde y bondadoso, tan pobre que sobrevive a base de sopa de repollo y ni siquiera tiene abrigo de invierno. Una vez al año recibe una barra de chocolate por su cumpleaños. Saborea cada pequeño bocado y, a menudo, hace que la barra le dure más de un mes. Se anuncia un concurso en el que un puñado de afortunados ganadores podrá visitar la misteriosa fábrica de chocolate y conocer al excéntrico propietario, Willy Wonka. Cinco boletos dorados están escondidos en los envoltorios de las chocolatinas enviadas a todo el mundo. Veruca, con una perreta, hace que su padre le compre medio millón de barras y luego haga que los empleados en su fábrica las desenvuelvan una a una hasta que logren encontrar su boleto dorado. Otros tres niños desagradables también reciben un boleto. Solo queda un boleto sin reclamar. La única esperanza de Charlie es la barra de chocolate de su próximo cumpleaños. Tiene una oportunidad. Poco a poco desenvuelve una esquina de su chocolatina Wonka de chocolate y caramelo que aceptó agradecido como regalo de cumpleaños de sus padres. Aunque el boleto de oro no está dentro, le ofrece el primer bocado a su madre e invita a todos los miembros de su familia a compartir la recompensa. Veruca, en cambio, no aprecia ni una de las chocolatinas. No hay agradecimiento ni humildad. Solo derecho y descontento. Charlie saborea cada bocado con deleite porque ha vivido las más atroces punzadas del hambre.

(Nota de la autora: Desde que escribí el primer borrador de este libro, releí *Charlie y la fábrica de chocolate* y volví a ver ambas películas. No me avergüenza admitir que me equivoqué. Johnny Depp fue un Willy Wonka brillante y captó la visión del personaje con un matiz que Gene Wilder no logró ejecutar. Desde su voz aguda de niño hasta su sarcasmo oscuro y mordaz, Depp encarnó la versión del libro. Y puntos extra por la historia del malvado padre dentista. Verás, yo solo pensaba que Gene Wilder había dado en el clavo, pues su Wonka era todo lo que conocía. Desde entonces he deconstruido esa tontería. He hecho el trabajo. Lo haré mejor. Sigamos).

VOLVAMOS A PABLO

Ahora que entendemos el ángulo práctico de cómo el sufrimiento ayuda a desarrollar el carácter, volvemos a Pablo, que lo expresó así en Romanos 5:3-5: «También nos regocijamos en los sufrimientos, porque sabemos que los sufrimientos producen resistencia, la resistencia produce un carácter aprobado, y el carácter aprobado produce esperanza. Y esta esperanza no nos defrauda, porque Dios ha derramado su amor en nuestro corazón por el Espíritu Santo que nos ha dado» (RVC). Según Pablo, el sufrimiento es algo en lo que debemos *regocijarnos* de veras. Santiago está de acuerdo: «Hermanos míos, considérense muy dichosos cuando tengan que enfrentarse con diversas pruebas, pues ya saben que la prueba de su fe produce perseverancia» (Santiago 1:2-3, NVI). El apóstol Pedro nos dice: «Amados, no os sorprendáis del fuego de prueba que en medio de vosotros ha venido para probaros, como si alguna cosa extraña os estuviera aconteciendo; antes bien, en la medida en que compartís los padecimientos de Cristo, regocijaos, para que también en la revelación de su gloria os regocijéis con gran alegría» (1 Pedro 4:12-13).

Permitir que Dios use nuestro sufrimiento para fortalecer nuestro carácter, profundizar nuestro gozo y acercarnos a Él parece ser un tema recurrente en toda la Biblia. Existe una relación entre el sufrimiento humano y la revelación de la gloria de Dios. El salmista escribió: «Bueno es para mí ser afligido, para que aprenda tus estatutos» (Salmo 119:71). La perseverancia de Pablo en el sufrimiento también refleja su comprensión de que este mundo no es su destino final:

Considero que los padecimientos del tiempo presente no son dignos de comparar con la gloria que pronto nos ha de ser revelada.

Romanos 8:18

No desfallecemos, antes bien, aunque nuestro hombre exterior va decayendo, sin embargo nuestro hombre interior se renueva de día en día. Pues esta aflicción leve y pasajera nos produce un eterno peso de gloria que sobrepasa toda comparación, al no poner nuestra vista en las cosas que se ven, sino en las que no se ven; porque las cosas que se ven son temporales, pero las que no se ven son eternas.

2 Corintios 4:16-18

COMPAREMOS

Comparemos las palabras de Pablo, Santiago, Pedro y el salmista con las de los líderes del pensamiento popular de hoy en día:

Decir que podemos aprender algo del sufrimiento es darle demasiado valor y significado. El sufrimiento no transforma. El sufrimiento deshumaniza. El sufrimiento es malo[5].

A la larga, tú, y solo tú, eres responsable por quién llegas a ser y lo feliz que logres ser[6].

Tienes permiso para querer más de ti misma por ninguna otra razón que la de hacer que tu corazón esté contento[7].

LOS TESOROS QUE SE DESCUBREN EN LA OSCURIDAD

Para su libro *Vivir sin mentiras*, Rod Dreher entrevistó a muchos cristianos del antiguo bloque soviético que sobrevivieron a una intensa persecución por parte de un régimen totalitario. Lo que más le llamó la atención fue el gozo profundo y perdurable que revelaban. Señaló que los cristianos deberían «aceptar el misterio impenetrable de que el sufrimiento, si se recibe correctamente, puede ser un don»[8].

Mi amiga Médine, cuya historia abrió este capítulo, lo entiende bien. Cuando me disponía a escribir esta sección, le envié un correo electrónico con una sencilla pregunta: «Médine, mientras eras una refugiada, soportando enfermedades constantes, amenazas de peligro, hambre y sed, ¿qué habrías pensado si alguien te dijera: "Dios solo quiere que seas feliz"?». Con su permiso, te muestro sus palabras:

> Ser cristiano no es un síndrome de Pollyanna en el que somos felices todo el tiempo. Dios nos creó con una serie de emociones y en esta tierra las experimentaremos. Nos ayudan a convertirnos en seres humanos maduros y equilibrados. Es fácil desear ser siempre felices, pero la vida no es todo color de rosa; hay momentos difíciles en los que experimentamos tristeza, ira, angustia y dolor. Le doy gracias a Dios por los momentos de felicidad, pero también por los difíciles. Todos esos momentos me han permitido convertirme en la persona que Dios quiere que sea. He aprendido valiosas lecciones durante mis tiempos de refugiada de guerra y durante la pérdida de mis padres y mi hermano, como tesoros descubiertos en la oscuridad. También he aprendido lecciones maravillosas cuando soy feliz. Dios quiere

que tengamos una relación íntima y dinámica con Él que nos lleve a través de tiempos de dificultad y gozo.

Como cristianos, se supone que no debemos buscar el sufrimiento como una especie de autoflagelación. No nos regocijamos en el sufrimiento por el hecho de sufrir. El propósito del sufrimiento en la vida de un cristiano es conformarnos a la imagen de Cristo. Para lograrlo, nuestros deseos, anhelos y sueños personales tienen que morir. Esto puede ser muy doloroso.

¡ALERTA!
Cómo evaluar las reacciones adversas
¿Me odian o persiguen como cristiano?

Si no es así, ¿por qué?
☐ No sé cómo defender mi fe.
☐ Prefiero llevarme bien con todo el mundo.
☐ No quiero que me llamen intolerante.
☐ No quiero perder algo de valor (por ejemplo, mi reputación, mi trabajo).
☐ Parece desamoroso criticar las opiniones de los demás.
☐ Paso casi todo mi tiempo con otros creyentes.

Si es así, ¿se debe a
☐ mi condena del comportamiento moral?
☐ mi tono de voz?
☐ mis insultos a los demás?
☐ mi falta de voluntad para ceder en lo esencial?
☐ mi falta de voluntad para aceptar o estar en desacuerdo en aspectos no esenciales?
☐ mi dependencia de las Escrituras como autoridad suprema?

Si eres cristiano, se te promete el sufrimiento. El apóstol Pablo escribió: «Todos los que quieren vivir piadosamente en Cristo Jesús, serán perseguidos» (2 Timoteo 3:12), y Jesús prometió en Juan 16:33 que «en el mundo tendréis aflicción» (rvr60). Garantizó en Juan 15:18-19 que si le sigues de verdad, el mundo te odiará como le odiaba a Él. Una pregunta que me hago a menudo es la siguiente: Si Pablo dijo que a *todos* los verdaderos cristianos los perseguirían y Jesús prometió que el mundo odiaría a sus verdaderos seguidores, ¿veo eso en mi vida? ¿Me odian y persiguen? Desde luego, no me propongo ofender a nadie, y siempre intento presentar el evangelio de la manera más amorosa y persuasiva posible. Entonces, aun así, ¿el noventa por ciento de una cultura atea le *encanta* lo que publico en las redes sociales? ¿O participo de los sufrimientos de Cristo?

Oswald Chambers escribió una vez: «¿Participamos de las aflicciones de Cristo? ¿Estamos dispuestos a que Dios destruya y transforme sobrenaturalmente nuestras decisiones personales?»[9]. Esa es la pregunta con la que todos debemos luchar. No siempre sabemos por qué llegan las pruebas a nuestra vida. No conocemos el final de la historia como Dios. Sin embargo, estoy segura de que Médine, Elisabeth Elliot, Joni Eareckson Tada y los cristianos del antiguo bloque soviético estarían de acuerdo con Chambers en que con el sufrimiento llega un regalo inesperado: «De repente, llegamos a un lugar luminoso y decimos: "¡Dios me ha fortalecido y ni siquiera lo sabía!"»[10].

9
PREJUICIOS
No debes juzgar

La capacidad de juzgar les es dada a los
hombres para que puedan hacer uso de ella.
Puesto que puede ser usada erróneamente,
¿hay que decirles a los hombres que no
deberían usarla en absoluto?

John Stuart Mill, *Sobre la libertad*

«Lamento tener que decirles esto, chicas, pero la discográfica quiere que todas pierdan cinco kilos. Cuando lleguen a su casa, encontrarán membresías de gimnasios esperando por ustedes».

Mis dos compañeras de banda y yo estábamos sentadas alrededor del teléfono en altavoz en una habitación de hotel de Nueva York al final de una breve gira de prensa para promocionar nuestro próximo primer álbum. Al parecer, alguien les informó a los responsables de nuestra discográfica de todas las horas que ZOEgirl pasó en el estudio comiendo cereales azucarados, papas fritas y dulces mientras ensayábamos y grabábamos. Nuestro mal hábito nos pasó factura y la oficina central emitió una alerta roja. Como éramos un grupo de pop para adolescentes que cantaba y bailaba, seguro que a la discográfica le preocupaba que nos mantuviéramos en plena forma.

Como en las siete etapas del duelo, procesamos la noticia por fases. Primero pusimos los ojos en blanco, luego nos reímos con nerviosismo, más tarde la sorpresa se convirtió en dolor, incredulidad, sarcasmo y, por último, enfado. Podríamos entender que un sello discográfico secular hiciera esta petición. Sin embargo, ¿una empresa cristiana? Pusimos manos a la obra, a fin de canalizar toda nuestra angustiosa energía en la creación de una tira cómica dibujada a mano para lidiar con las presiones de escribir, grabar y viajar constantemente. En esta entrega en particular, nos dibujamos como estrellas del pop con obesidad mórbida, con rollitos de grasa saliendo de cada costura de nuestros ridículos trajes ajustados de cuero sintético y con borlas. Como gigantescas bolas humanas, volvimos rodando a la ciudad para encontrarnos con que la discográfica había colocado una valla publicitaria con un anuncio en luces parpadeantes: «ZOEGIRL ESTÁ GORDA». En esa habitación de hotel nos reímos a carcajadas hasta llorar. No sé hasta qué punto esto afectó a las otras dos, pero las lágrimas que brotaron al final de mis carcajadas fueron profundas, amargas y caóticas. Yo estaba desconcertada por completo.

Al instante, mi mente me transportó al cuarto de baño empapelado con flores azules de la casa de mi infancia, donde había intentado vomitar por primera vez cuando tenía unos once años. Poco antes, mi entrenador de gimnasia me había dado unas palmaditas en la barriga y me había dicho que tenía que hacer más abdominales para recuperarme del banquete de Acción de Gracias. Ese primer intento fue una experiencia terrible y no quise volver a hacerlo nunca más. Sin embargo, cada comentario sobre mi peso después de eso tocaba una herida ya sensible.

No fue hasta mis veintitantos años cuando volví a intentar purgarme. Esta vez fue más fácil y sucedía de vez en cuando, pero seguía luchando en su contra. Cuando tenía veinticinco años y ZOEgirl apenas comenzaba, pensé que lo tenía todo bajo control. En cambio, ahora las cosas iban en serio.

Tienes que perder cinco kilos. Hiciera lo que hiciera, no podía sacarme ese pronunciamiento de la cabeza. No culpo a mi entrenador de gimnasia, a mi discográfica ni a nadie que me haya hecho un comentario fuera de lugar. Las decisiones de mi vida dependen de mí. Aun así, cada comentario dolía. Cuando nos dijeron a mis compañeras de banda y a mí que teníamos que adelgazar, todo en mí quería responder con madurez y gracia, pero tenía un historial de bulimia y una sesión de fotos a la vuelta de la esquina. Era la tormenta perfecta.

Cuando regresamos a la ciudad, recibimos una amistosa invitación para reunirnos con uno de los ejecutivos de alto nivel de la discográfica para una clase de Pilates. (Ya sabes, una reunión informal para hacer Pilates. Sin segundas intenciones). Nos invitaron a tomar un café para informarnos sobre todo lo relacionado con los carbohidratos y nos asignaron un entrenador personal de salud. Entendí el mensaje alto y claro. Durante los siguientes años, mi vida fue un ciclo constante de trabajo y más trabajo. Cuando no escribíamos canciones, estábamos grabando. Cuando no estábamos grabando, estábamos dando entrevistas. Cuando no estábamos dando entrevistas, nos subíamos a un autobús de gira durante semanas seguidas para cumplir con un calendario de actuaciones desgarrador. Cuando no estábamos viajando, estábamos planificando nuestro próximo álbum o nuestra oportunidad de gira. Para mí, la oración y el estudio de la Biblia pasaron a un segundo plano ante el agotamiento. Cuando por fin volvía a casa por unos días preciosos, casi siempre estaba sola. No había tenido la oportunidad de hacer amigos que no estuvieran de gira ni de conectarme con una familia de la iglesia después de mudarme a Nashville para unirme al grupo. Intentaba ir a la iglesia los domingos, pero era muy consciente de que podían reconocerme. El hecho de que acabara de ver mi cara ampliada al tamaño de un brontosaurio en una pancarta publicitaria en el centro de la ciudad me hizo ser cuidadosa y precavida.

Nunca me sentí cómoda con la fama, sin importar lo pequeño que fuera mi roce con ella. Así que comía. Me daba un atracón y luego me purgaba. Me lavaba. Me enjuagaba.

Repetía el proceso. Estaba enganchada. También me avergonzaba profundamente de mi trastorno alimentario, así que lo escondía como un secretito sucio. En cambio, no engañaba a nadie. En una gira por alguna ciudad, compartí habitación de hotel con una de mis compañeras de banda. Es un encanto, amable, muy inteligente y atenta. Es una de las personas más amables y cariñosas que jamás he conocido. También era una pacificadora nata y no le resultaba fácil enfrentarse a los demás. Así que cuando se armó de valor para preguntarme qué estaba haciendo en el baño, me sorprendió. Y también me hizo enojar. Por decirlo con suavidad, la conversación no fue bien. La invité con poca educación a que dejara de «juzgarme» y se apartara del asunto. Eso no la detuvo: #neverthelessshepersisted [aun así, persistió].

Incluso involucró a mi otra compañera de banda, y juntas me pidieron CON cariño que admitiera lo que estaba haciendo para poder ayudarme. Esa interacción tampoco fue tan bien. Tardé un tiempo en recapacitar. Sin embargo, la determinación de mis compañeras de ayudarme a buscar ayuda y rendir cuentas cambió mi vida. Terminé confesando mi secreto y recibiendo terapia para comenzar a sanar.

Al volver la vista atrás, ¿estoy agradecida de que mi compañera de banda me «juzgara»? ¿Qué se atreviera a confrontarme por la autolesión de la que era culpable? ¡Por supuesto! Fue el catalizador que primero sacó la oscuridad a la luz. Hasta el día de hoy se me empañan los ojos de lágrimas cuando pienso en lo mucho que me *quería* para hacer algo tan difícil.

¿POR QUÉ LA MENTIRA DE «NO DEBES JUZGAR» PARECE TAN BUENA?

A veces la gente se niega a denunciar el mal comportamiento o las malas ideas, pues le parece un acto de amor. Lo entiendo a la perfección. Si solo viviera y dejara vivir, sin escudriñar nunca las ideas de la cultura pop, los libros y los blogs, me *sentiría* una persona mucho más amorosa. Me he dado cuenta de que mucha gente vive según esta filosofía. No sé cuántas veces he escuchado: «Me parece bien» o «No me corresponde juzgar; solo sé lo que es verdad para mí». Sin darse cuenta, la gente repite como loros ideas que no se ajustan a la realidad. Si te detienes a pensarlo, ni siquiera tiene sentido decir: «No juzgues».

Imagínate que estás solo en casa y suena el timbre. Miras por la ventana y observas a un hombre muy corpulento con una pistola en la mano y vestido con un mono naranja. Está sudando y mira con nerviosismo a su alrededor. Sé sincero. ¿Vas a abrirle la puerta? Supongo que... tal vez no. Sin embargo, espera. ¿Por qué eres tan crítico? Quizá este hombre no sea un preso fugado, sino que solo disfruta vistiendo monos naranja y llevando su arma mientras sale a correr. ¿Quién eres tú para juzgar?

Como es obvio, este es un ejemplo extremo. Nadie le abriría la puerta a ese hombre. Sin embargo, esto demuestra que, *literalmente, todo el mundo juzga*. Todos juzgamos a la gente cada día. Sería más que ilógico, y a veces inseguro, *no* juzgar.

Además, incluso decirle a alguien que no debería juzgar es juzgar que está juzgando, lo que se considera juzgar, lo que requiere hacer un juicio sobre todo lo que se juzga. Ya me entiendes.

La palabra *juicio* tiene un par de connotaciones diferentes. En un tribunal, un juez desempeña diversas funciones, como determinar la responsabilidad y los daños, condenar a los culpables y decidir sobre la admisibilidad de las pruebas. A menos que seas un juez de verdad, es probable que no deberías hacer esas cosas. Sin embargo, en el sentido más amplio de la palabra, juzgar algo significa concluir que una cosa es mejor que otra.

LA VALENTÍA DIGITAL

«No debes juzgar» se ha convertido en un auténtico mantra en nuestra cultura. Cuando la gente lo dice, lo que casi siempre quiere decir es que nunca debes criticar las decisiones morales de otra persona. Unos meses después de empezar a bloguear en 2016, escribí un artículo titulado «Cinco señales de que tu iglesia quizá se dirija hacia un cristianismo progresista», que fue visto más de cuatrocientas mil veces en las primeras semanas. Hasta ese momento, mi única interacción personal seria con cristianos progresistas fue dentro de los límites de un pequeño y exclusivo grupo de estudio en una iglesia local. Sin embargo, ahora en internet, donde la gente se siente mucho más libre para escribir lo que se les ocurra, recibí un curso intensivo de pensamiento progresista más amplio. Si es cierto que el alcohol le da a la gente «valentía líquida» para decir cosas que de otro modo no dirían, estoy convencido de que las redes sociales proporcionan «valentía *digital*» para que la gente haga lo mismo en línea.

Aquí tienes un fragmento de un correo electrónico que recibí en respuesta a mi artículo de un hombre muy preocupado por lo que percibió como mi «condena» de la interpretación que otras personas hacen del cristianismo:

> Eres responsable de ti misma. Criticar a otros que no aceptan tu punto de vista como «el único camino» hacia el padre es bastante estrecho de miras. Eso no significa que todo el mundo tenga razón en su teología, solo significa que se les debe respetar y permitir que practiquen su cristianismo como creen. Si no estás de acuerdo, mi consejo es buscar otra iglesia que creas que se adapte mejor. Y no olvides ese pequeño pasaje... «No juzguéis para que no seáis juzgados».

Un par de años después, una editorial cristiana publicó y comercializó en plataformas cristianas un libro muy popular escrito por una autora que se confesaba cristiana. Fue un cuento de hadas hecho realidad. Alcanzando el primer puesto de la lista de libros más vendidos del *New York Times*, y ganándose el corazón y la mente de millones de mujeres: *Amiga, lávate esa cara*, de Rachel Hollis, se presentó en innumerables estudios bíblicos de grupos pequeños y en conferencias por todo el país.

Al leerlo, me convencí de que el mensaje central del libro es justo lo contrario del evangelio bíblico. Entonces, decidí escribir una reseña y publicarla en mi blog. No esperaba que se convirtiera en viral, ni predije los montones de mensajes de odio que llegarían a mi bandeja de entrada en las semanas siguientes.

Algunos de los correos electrónicos no pueden repetirse en compañía de personas decentes. Sin embargo, la mayor parte de las reacciones se pueden resumir en tres fatídicas palabras: «*No debes juzgar*». El mensaje que recibí alto y claro fue que estaba mal por mi parte criticar ideas no bíblicas en un libro popular. Después de todo, Jesús nunca sería tan «*prejuicioso*».

Varias personas comentaron que debería haberme puesto en contacto con Rachel Hollis en persona antes de acusarla. (Lo curioso es que ninguna de esas personas se comunicó conmigo en persona antes de acusarme en público por hacerlo con Hollis en público). Sin embargo, santo cielo. ¿Solo debí callarme la boca y guardar mis opiniones para mí? Desde luego que no. Las malas ideas tienen efectos tangibles en personas reales.

En *Amiga, lávate esa cara*, Rachel Hollis escribe:

> Solo porque tú creas algo, no significa que es cierto para todo el mundo. En muchísimas ocasiones el juicio viene de sentir que, de algún modo, lo tienes todo resuelto cuando en verdad no es así. En realidad, *juzgar a otras personas nos hace sentir más seguras en nuestras propias elecciones*. La fe es uno de los ejemplos de esto más abusados. Decidimos que nuestra religión es la correcta; por lo tanto, todas las otras religiones

tienen que estar equivocadas. Dentro de la misma religión, o qué va, aun dentro de la misma iglesia, la gente
se juzga por no ser el tipo adecuado de cristiano, cató-
lico, mormón o jedi[1].

Para ser justos, Hollis reconoce que los amigos deben ren-
dirse cuentas unos a otros. Escribe que pedir a un amigo que
considere sus acciones bajo una determinada luz surge de un
corazón lleno de amor. Aprecio esta distinción. Sin embargo,
observa que en el contexto de su cita, Hollis aparta esta responsabilidad del ámbito de la verdad objetiva de la religión.
En otras palabras, está bien que un amigo cristiano deba rendir
cuentas, siempre y cuando esa rendición de cuentas no se deba
a que decidieras que tu interpretación del cristianismo sea cierta y la suya sea errónea. Como aprendimos en el capítulo 3, el
cristianismo no se puede separar de la verdad objetiva, sino que
más bien depende de ella. Siguiendo este pensamiento hasta su
final lógico, la definición de Hollis de la rendición de cuentas
les prohíbe de manera implícita a los cristianos enfrentarse unos
a otros en su pecado real o en sus falsas creencias sobre Dios.

EL VERSÍCULO FAVORITO DE TODOS

Parece que el versículo favorito de todos (al menos cuando in-
tentan evitar que alguien les diga que están equivocados) es Mateo 7:1. Las palabras «No juzguéis para que no seáis juzgados»
salieron de los labios del propio Jesús.

Suelta el micrófono. Fin de la conversación, ¿verdad?

Bueno, eso funciona solo si rayas los siguientes seis versículos, junto con algunas otras cosas que dijo Jesús y una buena
parte del resto del Nuevo Testamento. Es más, justo después
de decir: «No juzguéis», Jesús le informa a su audiencia que
cuando juzguen, deben tener mucho cuidado de asegurarse

de que su juicio no sea *hipócrita*. «Saca primero la viga de tu ojo, y entonces verás con claridad para sacar la mota del ojo de tu hermano», instruye Jesús en el versículo 5. En otras palabras, no señales un pecado en la vida de tu hermano o hermana antes de enfrentarte al pecado mayor en la tuya. Sin embargo, el objetivo es ayudar a tu hermano o hermana a sacarse la mota de su propio ojo, lo que requiere que tú juzgues si está allí. Así que Jesús no está diciendo que siempre sea malo juzgar. Es más, en el versículo 6 nos dice que «no deis lo santo a los perros, ni echéis vuestras perlas delante de los cerdos». ¿Cómo puede alguien identificar «perros» y «cerdos» a menos que primero juzgue como es debido?

Si todavía hay alguna confusión, unos pocos versículos después, Jesús nos dice que reconozcamos a los lobos, o falsos maestros, por sus frutos (versículos 15-16). De nuevo, esto requiere que juzguemos si estos maestros están hablando verdad o engaño. Luego, en Juan 7:24, Jesús no puede ser más claro. Les indica a sus oyentes que «no juzguéis por la apariencia, sino juzgad con juicio justo».

En Mateo 18:15-17, Jesús da instrucciones sobre cómo confrontar a un hermano creyente si ha pecado contra ti. (¡No olvides sacar primero la viga de tu propio ojo!). El apóstol Pablo se hace eco de este sentimiento en Gálatas 6:1, donde les dice a los cristianos cómo tratar a un hermano sorprendido en un pecado. Escribe: «En caso de que alguien se encuentre enredado en alguna transgresión, ustedes que son espirituales [piensa sin viga en el ojo] restauren al tal con espíritu de mansedumbre» (RVA-2015).

En 1 Corintios 5, Pablo les dice a los creyentes de Corinto que, en realidad, les *corresponde* juzgar a otros creyentes. Escribe: «¿Acaso me toca a mí juzgar a los de afuera? ¿No son ustedes los que deben juzgar a los de adentro? Dios juzgará a los de afuera. "Expulsen al malvado de entre ustedes"» (versículos 12-13, NVI). Decirle a alguien que no debe juzgar no es bíblico. Es más, la Escritura nos ordena juzgar, pero nos dice que lo hagamos con cuidado, con justicia, con humildad y sin hipocresía. Y el objetivo de juzgarnos unos a otros es proteger a la iglesia y restaurar al pecador en arrepentimiento. No es para que podamos ir por ahí señalando con el dedo a otros creyentes en un espíritu de orgullo.

La Biblia nos dice que debemos estar dispuestos a confrontarnos, no solo sobre el pecado, sino también sobre las falsas creencias acerca de Dios. Es más, el Nuevo Testamento insiste en ello. Tomemos, por ejemplo, todo el libro de 2 Pedro. Esta, junto con la epístola de Judas, se dedica de manera casi exclusiva a abordar versiones las falsas versiones del cristianismo y a enseñarles a los cristianos cómo combatir estas ideas y confrontar a quienes las enseñan. Segunda de Pedro 2 comienza con una advertencia acerca de los falsos maestros y las «herejías destructoras» que inculcan (versículo 1). Describe a los cristianos que se dejan engañar por su sensualidad. En el siguiente capítulo, Pedro insta a los creyentes a procurar «con diligencia ser hallados por Él en paz, sin mancha e irreprensibles» (3:14). Judas nos recuerda en los versículos 20-21: «Pero vosotros, amados, edificándoos en vuestra santísima fe, orando en el Espíritu Santo, conservaos en el amor de Dios, esperando ansiosamente la misericordia de nuestro Señor Jesucristo para vida eterna».

Mi compañera de banda no podía alegrarse de mis malas acciones. Si solo hubiera ignorado «la mota en mi ojo» y hubiera optado por no juzgarme, mi vida podría haber seguido un camino muy diferente. Me juzgo y se me enfrentó porque me quería. Y es muy posible que me salvara la vida.

Solo podemos juzgar como es debido si nos sometemos a Dios y aprendemos de las verdades eternas de las Escrituras. Si pensamos que estamos a cargo de nuestra vida, nuestras decisiones reflejarán nuestro conocimiento limitado, que puede que dé buen resultado durante un tiempo, pero que al final acabará volviéndose contra nosotros. ¿Tenía razón el Dr. Seuss cuando escribió: «Estás solo. Y sabes lo que sabes. Y *TÚ* eres el que decide adónde ir»[2]?

10
AMIGOS
Eres tu propio jefe

No importa cuán estrecho sea el camino,
Ni cuán cargada de castigos la sentencia,
Soy el amo de mi destino,
Soy el capitán de mi alma.

William Ernest Henley, «*Invictus*»

Si hay algo que de veras no me interesa, es ser voluntaria para ayudar con el ministerio infantil en la iglesia. Solo soy sincera. Preferiría limpiar los baños, acomodar las sillas o ser un asistente de estacionamiento o darles la bienvenida a los que entran. (Espera. Oh Dios, no. No soy una persona que da la bienvenida. Soy introvertida en este caso).

Cuando tenía hijos pequeños, esperaba toda la bendita semana para dejarlos en su clase y disfrutar de una hora más o menos de tiempo para adultos ininterrumpido. Lo último que quería hacer era cepillar los dientes, vestir y peinar a mis dos pequeños, y meterlos en el auto para llegar a la iglesia justo a tiempo para enseñarles historias bíblicas a los humanos en miniatura de otras personas mientras les sacaba pajitas de verduras de la nariz. Ora por mí.

Sin embargo, el Señor sabía que mi proceso de santificación necesitaba esto. El Espíritu Santo me dijo: *¡Este es el momento que esperábamos!* Fue *porque* no quería hacerlo que decidí ser voluntaria. Me asignaron a la clase de preescolar, y la verdad es que no estaba tan mal. Hubo algunos incidentes con tiritas de vegetales, pero sobre todo tuve que rellenar a cada momento los vasos de la merienda ante un coro de niños de cinco años que recitaban con educación: «¡Más, por favor!».

Una mañana, cuando llegó la hora del «estudio bíblico» (sí, lo puse entre comillas a propósito), todas las personitas satisfechas se sentaron en la alfombra redonda trenzada frente a la pantalla plana gigante que haría las veces de maestra de la Escuela Dominical. La escena abrió con un alegre hombre de mediana edad con sombrero. Me recordó una escena de un programa cómico de televisión llamado *Saturday Night Live*, protagonizado por Steve Martin y Dan Aykroyd, que mis padres veían cuando yo era niña. En la escena estaban Martin y Aykroyd como los hermanos Festrunk, mejor conocidos como ¡«dos tipos salvajes y locos»! La enérgica figura paterna del vídeo de la Escuela Dominical les presentó a los niños la lección del día: Marcos 2:1-12. Aunque era escéptica sobre el talante exageradamente alegre del presentador, me sorprendió de grata manera escucharlo parafrasear la historia con precisión.

Fue algo como esto: Cuando la gente se enteró de que Jesús estaba en una casa local de Capernaúm, acudieron en masa hasta allí, llenándola y sin dejar espacio para que nadie más entrara. Mientras Jesús predicaba, cuatro hombres que cargaban a un paralítico estaban decididos a llevar a su amigo hasta Jesús. Debido al espacio abarrotado, quitaron parte del techo de la casa y lo bajaron. Jesús vio la fe que mostraban y perdonó los pecados del paralítico. Esto provocó un gran alboroto entre los escribas, que le acusaban en secreto de blasfemia. Después de todo, ¡solo Dios podía perdonar los pecados! Jesús, que en realidad *es* Dios, demostró el atributo divino de la omnisciencia (Dios lo sabe todo) y les leyó la mente. Usó lo que parecía ser su título divino favorito, «Hijo del Hombre», a fin de describirse a sí mismo y, en esencia, les preguntó qué era más difícil: ¿perdonar pecados o curar a un paralítico? Entonces, en un despliegue radical de divinidad, Jesús le ofreció al paralítico un trato de dos por uno. Jesús no solo perdonó sus pecados, sino que también sanó su cuerpo. Es un pasaje muy intenso, en el que suceden muchas cosas. Se habla de la divinidad de Jesús, de la fe activa de los amigos del paralítico y del crecimiento de la fama y la reputación de Jesús. Además, están las multitudes que no solo se reunían para recibir sanidad física, sino para escuchar la Palabra de Dios, que cumple una profecía del Antiguo Testamento acerca del Mesías que trae «buenas nuevas a los afligidos» (Isaías 61:1). También es una de las migas de pan del rastro que conduce al creciente odio de los líderes religiosos hacia Jesús y al complot de asesinato en su contra.

Después que el hombre del sombrero en el vídeo les contó esta historia a los niños sentados con las piernas cruzadas, les pidió con entusiasmo que pensaran acerca del mensaje de la historia antes de revelarles la conclusión de la lección. Esperé con gran atención escuchar lo que estos futuros estudiosos de la Biblia llevarían a casa para sus padres. ¿Sería la divinidad de Jesús? ¿Su perdón de los pecados? ¿La importancia de la fe? Nada de eso. El gran anuncio fue: «Esta es una historia sobre lo importante que es... [espéralo]... *tener buenos amigos*». Disculpa, ¿qué?

Me pregunté si había escuchado mal hasta que continuó con algo como: «Todo el mundo necesita tener buenos amigos que te ayuden cuando estás débil o enfermo o no puedes hacer las cosas por ti mismo. Este hombre tenía cuatro buenos amigos, y por eso pudo llegar hasta Jesús. De eso se trata esta historia». No me lo podía creer. El vídeo había tomado una historia sobre el Evangelio y la había convertido en un cuento alegre sobre la amistad con tus hermanos y tu nuevo mejor amigo, Jesús.

No es de extrañar que los cristianos estén tan confundidos acerca de lo que Dios quiere, en realidad, para sus vidas. Nos han enseñado a leer las Escrituras a través del lente de nuestro yo: ¿Qué dice este pasaje sobre *mí*? ¿Qué significa para *mí*? ¿Cómo *me* puede ayudar a sentirme mejor? ¿Con qué personaje *me* identifico más en esta historia? ¿Cómo puedo agarrar la vida por los cuernos, perseguir mis sueños y controlar mi destino mientras tomo algunos versículos de la Biblia para animarme en el camino? En esencia, nos han enseñado: *Eres tu propio jefe. Puedes moldear el significado de la Biblia para adaptarlo a tu propia vida.* No son solo los vídeos para niños los que animan a la gente a mirar la vida a través del lente de uno mismo.

¿ARTÍFICES DE NUESTRO PROPIO ÉXITO?

«Rachel Hollis está arrasando en todo el mundo». Esta fue la frase inicial de la entrada del blog que escribí en 2018 reseñando uno de los libros más vendidos del país[1]. En ese momento, *Amiga, lávate esa cara* había vendido más de un millón de ejemplares, y Hollis tenía establecida una cuenta de Facebook que seguía más de un millón de personas. Todo su estilo se basaba en la idea de que las mujeres creen muchas mentiras: «¿La verdad? A la larga, tú, y solo tú, eres responsable por quién llegas a ser y lo feliz que logres ser. Esa es la moraleja»[2]. Solo en la introducción repite este punto varias veces. Escribe: «Entender que eliges tu propia felicidad, que tienes el control de tu vida, es muy importante» y «Quiero gritar a todo pulmón hasta que entiendas esta gran verdad: tú tienes el control de tu vida»[3]. Trabaja duro, levántate temprano, esfuérzate y sueña en grande. En otras palabras, eres tu propio jefe.

Millones de personas aceptaron su mensaje de éxito propio, y lo lamentable es que ahora millones de personas han observado las consecuencias de esa ideología. En la primavera de 2021,

Hollis recurrió a las redes sociales para expresar en público su opinión sobre un comentario que recibió durante una transmisión en vivo en el que se la calificaba de «poco identificable» debido a tener el privilegio de contratar a una mujer para que le limpiara la casa dos veces a la semana. Hollis despotricó: «¿Qué hay en mí que te hace pensar que quiero ser identificable? No, hermana. En concreto, todo lo que hago en mi vida es para vivir una vida con la que la mayoría de la gente no se pueden identificar»[4]. Entonces, continuó alardeando de que trabaja más que nadie y que se levantaba antes que la mayoría de la gente. En el pie de foto del vídeo, mencionó los nombres de varias mujeres, como Harriet Tubman, Oprah y Malala Yousafzai, que también eran «poco identificables». La publicación se eliminó poco después que una multitud en las redes sociales desatara su furia en comentarios contra el sello de Hollis. Los fanáticos que se habían conectado con las historias de Hollis sobre sus debilidades, luchas y momentos más vergonzosos (como orinarse en los pantalones en un trampolín) se sintieron traicionados por la noticia de que, ante todo, nunca quiso ser identificable. Otros se sintieron muy ofendidos por el hecho de que se comparara con minorías que tuvieron que superar obstáculos a los que Hollis nunca se había enfrentado.

Y esto venía de una mujer que escribió en la introducción de *Amiga, lávate esa cara*: «¿Qué tal si escribiera un libro completo sobre todas las dificultades que he enfrentado y luego explicara los pasos que me ayudaron a superarlas?»[5]. Hollis estableció su sello expresando cómo superó desafíos personales para alcanzar sus sueños, todo con la intención de decirles a otras mujeres que podían hacer lo mismo. Al final, la nueva Torre de Babel castigó a Hollis con una cancelación rápida y definitiva. Durante el tiempo que escribía este libro, ella trataba de recuperar el apoyo de sus seguidores. El tiempo dirá si es capaz de recuperar su confianza y a sus seguidores. Sin embargo, por ahora, esta es una triste imagen del final del juego de anteponerse a uno mismo e intentar controlar el destino.

¿QUIÉN MANDA AQUÍ?

¿Cuál es tu autoridad? ¿Alguna vez has pensado en eso? Para algunos, son sus propios sentimientos y preferencias. Para otros, es la ciencia y la razón. Para muchos, es una mezcla de sentimientos, moralidad autodeterminada, razón y atracción. Es probable que muchos ni siquiera hayan pensado tanto en eso. Blaise Pascal, teólogo, filósofo, matemático, inventor, físico y escritor del siglo XVII (no pasa nada; todo el mundo era más listo en ese entonces), escribió la célebre frase: «La gente casi nunca llega a sus creencias basándose en pruebas, sino en lo que le resulta atractivo». Pascal hizo una importante observación acerca de cómo los seres humanos tienden a determinar su autoridad para la verdad. En pocas palabras, la mayoría de nosotros no nos limitamos a analizar los hechos y llegar a conclusiones imparciales. Tendemos a basar nuestra autoridad sobre lo que debemos y no debemos hacer, pensar y creer sobre todo en lo que nos hace sentir cómodos. Todos tenemos prejuicios... incluso los académicos y científicos.

Piensa en esto. El propósito básico de las ciencias de la vida es descubrir conocimientos sobre el mundo natural. Con tal fin, los científicos formulan hipótesis, hacen predicciones, evalúan pruebas, realizan experimentos y, por último, llegan a una conclusión. Sin embargo, los científicos no pueden interpretar las evidencias sin hacer algunas reflexiones filosóficas. De ahí que dos científicos distintos evalúen los mismos datos y lleguen a dos conclusiones diferentes. Algunos científicos comienzan este proceso con la creencia de que Dios no existe. Dan por sentado que todo lo que existe es materia, y que todos los fenómenos son el resultado de la interacción de la materia con otra materia. Se trata de una creencia filosófica denominada materialismo. El problema es que esta teoría no se puede probar en un laboratorio. Como no se puede probar, es básicamente una suposición y no tiene categoría para explicar fenómenos inmateriales como el alma o la existencia de un Ser divino inmaterial. Como resultado, el materialismo comienza por descartar a Dios del panorama. El físico Paul Davies observó una vez: «La ciencia toma como punto de partida la suposición de que la vida no fue hecha por un dios o un ser sobrenatural»[6]. El profesor de filosofía de la Universidad de California en Berkeley, John Searle, identificó el materialismo como algo más parecido a una creencia religiosa que a un hecho científico al describirlo como «la religión de nuestro tiempo». Siguió diciendo: «Como otras religiones más tradicionales, se lo acepta sin discusión y proporciona el marco dentro del cual es posible plantear, abordar y responder otras cuestiones»[7].

El científico depende de realidades inmateriales (como el pensamiento) para llegar a la conclusión científica de que el materialismo es cierto. ¿Qué tal esa contradicción? Con la Torre de Babel digital en pleno funcionamiento, no hay fin a la plétora de recursos disponibles para ayudarte a tratar de averiguar su autoridad. Y si Dios no existe, la mayoría dirá que se encuentra dentro de uno mismo. Sin embargo, ¿es verdad?

LA BIBLIA ES QUIEN TE MANDA

Amigos, si son seguidores de Jesús, Él es quien manda. Jesús es quien manda, y dice que la Biblia también manda sobre ti.

No solo eso, sino que la Biblia no se trata de ti. Tampoco se trata de mí. No es un simple libro de sabiduría que nos ayuda a guiarnos a través de la vida, ni es un antiguo diario de viaje espiritual escrito por personas que hacían lo que podían para entender a Dios en los tiempos y lugares en los que vivían. La

Biblia es un libro sobre Dios. De manera más concreta, es un libro acerca de Jesús. Revela la naturaleza y el carácter de Dios, su plan de salvación y la historia general del mundo de principio a fin. Está inspirada por Dios y, por eso, no tiene errores, contradicciones ni equivocaciones. Sé que parecen afirmaciones atrevidas, pero espero demostrártelas cuando veamos lo que Jesús dijo sobre las Escrituras.

Cuando Jesús citaba o comentaba las Escrituras, aún no existía el Nuevo Testamento. Así que sus comentarios se referían a las «Escrituras judías», los libros de nuestro Antiguo Testamento. Así que la pregunta del millón es... ¿qué pensaba Jesús de estos libros? ¿Pensaba que eran temporales, erróneos o solo las subjetivas observaciones teológicas de gente religiosa?

En primer lugar, muchas veces Jesús llamó a las Escrituras la «Palabra de Dios». En Mateo 15:3, reprendió a los líderes religiosos por quebrantar el mandamiento de Dios. En el versículo 4 continuó: «Dios dijo: "Honra a tu padre y a tu madre", y: "Quien hable mal de su padre o de su madre, que muera"». Se refería a las profecías de Éxodo 20:12, Éxodo 21:7, Levítico 19:3 y Deuteronomio 5:16. Observa que Jesús se refirió a tres libros diferentes del Antiguo Testamento: «Dios dijo...». No dijo: «Los antiguos escribas que estaban descifrando a Dios en su tiempo y lugar dijeron...».

En Marcos 7:8-13, Jesús criticó a los fariseos por dejar «el mandamiento de Dios» y añadir sus propias tradiciones a las Escrituras. Les dijo que «por la tradición que se transmiten entre ustedes, anulan la *palabra de Dios*» (NVI, énfasis añadido). Justo antes de citar Éxodo 3:6 en Mateo 22:31-32, dijo: «¿No han leído lo que les fue dicho por Dios?» (RVA-2015). Jesús se refirió de manera continua a las Escrituras del Antiguo Testamento como la Palabra de Dios. Teniendo en cuenta que Jesús *es* Dios, ¿no tiene sentido que esperara que sus seguidores tomaran en serio su propia Palabra?

Jesús también indicó que los libros del Antiguo Testamento fueron inspirados por Dios. Un día, mientras enseñaba a una gran multitud en los atrios del Templo, se encontró con algunos fariseos, y digamos que hubo un intercambio de palabras. En esencia, Jesús apeló a la inspiración de las Escrituras para ayudarlos a comprender que el Mesías es más que un simple descendiente de David. Les dijo: «Entonces, ¿cómo es que David, hablando por el Espíritu, lo llama "Señor"?» (Mateo 22:43, NVI). En efecto, aquí es donde Jesús mismo dio una definición de la inspiración divina. Afirmó que David, junto con los demás escritores bíblicos, estaba «hablando por el Espíritu» cuando escribía las Escrituras. El erudito bíblico John Wenham señaló que cada vez que Jesús decía: «Escrito está», también apelaba a la inspiración de las Escrituras: «Es [...] claro que Jesús entendió que: "Escrito está" era el equivalente a "Dios dice"»[8].

Jesús también declaró que las Escrituras eran históricamente confiables. Se refirió muy a menudo a personajes del Antiguo Testamento como personas reales que vivieron en tiempos y lugares reales. Habló de Abel (Lucas 11:51), Noé (Mateo 24:37-38; Lucas 17:26-27), Abraham (Juan 8:56), Lot (Lucas 17:28-29), Isaac (Mateo 8:11), Jacob (Lucas 13:28), Moisés (Juan 7:22), David (Mateo 12:3-4; 22:43; Marcos 12:36; Lucas 20:42), Salomón (Mateo 6:29; 12:42; Lucas 11:31; 12:27), Elías (Lucas 4:25-26), Eliseo (Lucas 4:27), Jonás (Mateo 12:39-41; Lucas 11:29-30, 32) y Zacarías (Lucas 11:51).

También describió acontecimientos como la institución de la circuncisión (Juan 7:22), el juicio de Sodoma y Gomorra (Mateo 10:15), el milagro del maná (Juan 6:31), Moisés levantando la serpiente en el desierto (Juan 3:14) y David comiendo pan consagrado (Mateo 12:3-4; Marcos 2:25-26; Lucas 6:3-4) como historia verdadera. Por si fuera poco, Jesús afirmó dos de las historias más controvertidas del Antiguo Testamento. Algunos escépticos afirman que el diluvio universal y la historia de Jonás nunca sucedieron en realidad y, sin embargo, Jesús afirmó que ambos fueron históricos (Mateo 24:37-39; Mateo 12:40). Es más, comparó la historicidad de la historia de Jonás con la historicidad de su propia resurrección, un acontecimiento que, según el apóstol Pablo, podía apoyar o desacreditar el cristianismo, ¡dependiendo de si sucedió de veras o no (1 Corintios 15:15)!

Jesús también introdujo la idea de que las Escrituras no contienen errores. ¿Recuerdas a los saduceos, que no creían en la resurrección de los muertos? Una vez, cuando intentaron atrapar a Jesús, él los corrigió diciéndoles: «Estáis equivocados por no comprender las Escrituras ni el poder de Dios» (Mateo 22:29). ¿Por qué iba a comparar su error con las Escrituras si pensaba que estos escritos sagrados podían haberse equivocado en algunas cosas? La opinión de Jesús de la Palabra de Dios también se puede entender por una declaración que hizo cuando los judíos estaban a punto de apedrearlo por afirmar ser uno con el Padre. En Juan 10:35, Jesús dijo: «La Escritura no puede ser quebrantada» (NVI).

Jesús también afirmó la idea de que la Palabra de Dios nunca pasará, un tema común que se encuentra tanto en el Antiguo como en el Nuevo Testamento. No podría haberlo afirmado con más claridad que en Mateo 5:17-18: «No penséis que he venido para abolir la ley o los profetas [el Antiguo Testamento]; no he venido para abolir, sino para cumplir. Porque en verdad os digo que hasta que pasen el cielo y la tierra, no se perderá ni la letra más pequeña ni una tilde de la ley hasta que toda se cumpla». Esto habla de lo imperecedero de las Escrituras del Antiguo Testamento. Jesús también dijo: «Más fácil es que el cielo y la tierra pasen, que un ápice de la ley deje de cumplirse» (Lucas 16:17). Jesús afirma que no vino a ignorar, negar u oponerse a las Escrituras, sino a cumplirlas por completo.

Justo después de su resurrección, Jesús se encontró en el camino de Emaús con dos de sus seguidores que no lo reconocieron (Lucas 24:13-35). Hablaban de lo decepcionados que estaban por la crucifixión de Jesús, pues esperaban que fuera él quien redimiera a Israel. En el versículo 25, Jesús los reprendió por ser «tardos de corazón para creer todo lo que los profetas han dicho». Luego, el versículo 27 (NVI) nos dice: «Comenzando por Moisés y por todos los Profetas, les explicó lo que se refería a él en todas las Escrituras». Es fascinante que lo primero que Jesús quería que estos discípulos supieran después de su resurrección es que el Antiguo Testamento se trata de Él. Algunos comentaristas sugieren que esta es la razón por la que Jesús evitó que le reconocieran: quería que la fe y las convicciones de los discípulos se basaran primero en las Escrituras[9].

Cuando el diablo tentó a Jesús en el desierto (Mateo 4:1-11), apeló a la autoridad de las Escrituras para defenderse del ataque. Como Dios encarnado, podría haber invocado a una legión de ángeles o empleado cualquier medio de defensa para rechazar la tentación del enemigo. En lugar de eso, optó por citar el Antiguo Testamento. Cuando Jesús le respondió al diablo con «Escrito está», el especialista en el Nuevo Testamento Leon Morris señaló que esto «apunta a la confiabilidad e inmutabilidad de las Escrituras. Para Jesús, haber encontrado un pasaje en la Biblia que se refiriera al problema en cuestión suponía el fin de toda discusión»[10]. Teniendo en cuenta lo que Jesús creía de las Escrituras, está muy claro que esperaba que sus seguidores las obedecieran. Si Jesús creyó que eran la Palabra de Dios inspirada, inquebrantable, infalible y confiable desde el punto de vista histórico, ¿no deberíamos creerlo nosotros?

DARLES SENTIDO A LAS ESCRITURAS

Aunque la Biblia es inspirada por Dios y tiene la autoridad para nuestra vida, aun así debe interpretarse. Tenemos que leer las palabras y comprender lo que significan antes de aplicarlas a nuestras circunstancias. Esto puede parecer sencillo, pero lo cierto es que hay que tener en cuenta varias cosas a la hora de interpretar las Escrituras. En primer lugar, debemos entender que la Biblia no es un simple libro. Es una colección de libros que se escribieron a lo largo de un período de unos mil quinientos años por alrededor de cuarenta autores diferentes que vivían en diversos lugares geográficos. Al interpretar la Biblia, es importante tener en cuenta lo siguiente:

1. **Conoce el género.** Cada libro de la Biblia tiene un género. Por ejemplo, algunos escritos bíblicos son poesía mientras que otros son narrativas históricas. Algunos son biografías, otros, epístolas (cartas) y otros son registros legales. Si lees *«Vive tu verdad» y otras mentiras* como si fuera un libro de historia, te confundirás. Eso se debe a que no pertenece al género histórico. Del mismo modo, si lees una narración histórica como si fuera un código legal, puedes caer en un grave error.

Aquí tienes un versículo que puedes bordar en una almohada: «Vayan, escóndanse en los viñedos y estén atentos. Cuando las muchachas de Siló salgan a bailar, salgan ustedes de los viñedos y róbese cada uno de ustedes una de esas muchachas para esposa» (Jueces 21:20-21, NVI). Es broma. No bordes eso en una almohada. Cuando esto lo leí por primera vez, pensé: *¡Qué! ¿La Biblia les dice a los hombres que «se roben» las esposas?* Aquí es donde el género se vuelve importante en realidad. Este pasaje se encuentra en el libro de Jueces, que forma parte de una obra histórica más amplia llamada la historia deuteronomista, que también incluye Deuteronomio, Josué, los dos libros de Samuel y los dos libros de Reyes. Cuando se registra la historia, se escriben con precisión las cosas horribles que hacen los humanos. Entonces, al interpretar las Escrituras, es muy importante recordar que Dios no aprueba todo lo registrado en la Biblia. Algunos pasajes son descriptivos, en el sentido de que solo describen un determinado comportamiento. Otros son prescriptivos, en el sentido de que prescriben o abogan por un determinado comportamiento. Este pasaje en Jueces *describe* un acontecimiento, *no prescribe* un comportamiento. Volveremos a este pasaje a medida que aprendamos más principios de interpretación bíblica.

2. **Practica una buena gramática.** Esto puede parecer bastante obvio, pero leer e interpretar la Biblia requiere algo de gramática. Por ejemplo, leer la Biblia «literalmente» no significa que *tomemos* todo lo que dice literalmente. Las definiciones del diccionario *Merriam-Webster* de la palabra *literal* incluyen: «que se adhiere a los hechos o a la construcción ordinaria o al significado primario de un término o expresión; libre de exageraciones o adornos; caracterizado por el interés principal de los hechos»[11]. A veces el significado primario de una expresión hace uso de una figura retórica, sin dejar de ser factual. Esto es lo que quiero decir. Imagina que estás hablando con un amigo y le dices: «¡Vaya, está lloviendo a cántaros!». Luego, imagina que tu amigo responde: «¿Qué? No pueden llover cántaros. Esa es una concepción poco científica y tonta de la lluvia». Por supuesto, te sentirías un poco confuso por la incapacidad de tu amigo para reconocer esta expresión tan común. Aunque no estabas utilizando

un lenguaje literal, estabas comunicando un hecho literal: Afuera está lloviendo a cántaros.

La Biblia también utiliza figuras retóricas como modismos y metáforas. Es más, las Escrituras describen a Jesús como puerta, pastor, piedra, pan, león, raíz y vid. Caracteriza a sus seguidores como sal, luz, sarmientos y ovejas[12]. A menos que pienses literalmente que Jesús tiene garras y colmillos, y que sus seguidores tienen pezuñas y están cubiertos de lana, es probable que entiendas estas metáforas por instinto. Sin embargo, a veces no es tan sencillo.

3. **Compara la Escritura con la Escritura.** Seamos sinceros. Algunas porciones de la Biblia son más fáciles de entender que otras. ¿El evangelio? Claro como el cristal. ¿La razón por la que en Jueces se le dijo a la gente que «robara esposas»? No tan claro. Por eso es de suma importancia examinar un versículo difícil de la Biblia a la luz de la enseñanza general de *toda* la Escritura y de lo que se ha revelado sobre la naturaleza y el carácter de Dios. En otras palabras, es importante que leamos la Escritura con los ojos de Dios, no a través del lente de nuestra propia cultura contemporánea.

En 2 Timoteo 3:16-17 se nos dice que «toda Escritura es inspirada por Dios y útil para enseñar, para reprender, para corregir, para instruir en justicia, a fin de que el hombre de Dios sea perfecto, equipado para toda buena obra». Puesto que toda la Escritura es inspirada por Dios, toda es su Palabra. Él no se contradice, razón por la cual podemos interpretar las Escrituras a la luz de otras Escrituras. Todo el consejo de la Palabra de Dios nos da una comprensión perfecta y definitiva de todo lo que Dios quiere que sepamos.

Volvamos ahora a ese molesto versículo acerca de robarse esposas. Comparémoslo con el resto de lo que revelan las Escrituras. Sabemos por Génesis 2:22-24 que el matrimonio fue dado originalmente por Dios para ser una unión de hombre y mujer en «una sola carne». En Efesios 5:25, se les ordena a los maridos que amen a sus esposas como Cristo ama a la Iglesia. En Deuteronomio 24:5, se valora la felicidad de la mujer en el matrimonio. Éxodo 21:16 prohíbe el secuestro, y muchas veces en las Escrituras, nuestra relación con Cristo se compara con una relación matrimonial. El testimonio general de las Escrituras es que el matrimonio se creó como una asociación leal, íntima y sagrada. A la luz de *toda* la Escritura, es justo concluir que hay más en Jueces 21 de lo que parece a primera vista.

4. **Considera el contexto.** Para comprender de veras lo que sucede en un pasaje determinado, debemos considerar la visión general de dónde encaja ese pasaje en particular en la estructura del libro y el contexto histórico dentro del cual se escribió ese pasaje en particular. También es importante el contexto circundante, es decir, lo que hay antes y después del pasaje que estamos leyendo. A veces esto significa que tenemos que leer un capítulo antes y después para tener una comprensión firme de lo que el versículo comunica en realidad. Con respecto a todo el incidente del robo de esposas de Jueces 21, aquí hay un contexto muy necesario:

Visión de conjunto: Este pasaje se encuentra en el último capítulo del libro de Jueces, en un grupo de capítulos que describen los períodos más oscuros y anárquicos en la historia de Israel. Si hicieran una versión cinematográfica de esta narración bíblica en particular, de seguro se catalogaría de R o peor. Esta fue una época de anarquía, y estos capítulos ilustran el fracaso de Israel para vivir en una relación de pacto con Dios.

Contexto histórico. Al principio del capítulo, los hombres de Israel juraron no dar sus hijas en matrimonio a los benjamitas. Resulta que todo este conflicto comienza alrededor de Jueces 19, que describe cómo la concubina de un hombre fue abusada, violada y asesinada por hombres de la tribu de Benjamín. Este cortó su cuerpo en doce partes (¿mencioné que este fue un período oscuro de la historia de Israel?) y las envió a todas las zonas de Israel. En esencia, esto inició una guerra entre la tribu de Benjamín y el resto de Israel. Lo que siguió fue una batalla brutal y sangrienta que se cobró la vida de miles de personas. Cuando todo terminó, no quedaban muchos benjamitas, ni tampoco había mujeres con quienes casarse. Israel había jurado no dar a sus mujeres a los benjamitas; sin embargo, no querían perder el linaje de esta tribu. Así que tomaron cartas en el asunto y les sugirieron a los benjamitas que «se robaran» muchachas para sí entre las mujeres de Siló. Se libraron por un tecnicismo, pues no les «darían», en realidad, esposas.

Lector, ten esto en cuenta: Dios no les dijo que lo hicieran. Tampoco ninguno de sus profetas. Todo lo que leemos sobre la naturaleza y el carácter de Dios, así como su actitud hacia las mujeres y el matrimonio, les prohibiría a los israelitas hacer tal maldad. Sin embargo, por supuesto, eran libres de ejercer su libre albedrío, que tristemente los metió en este lío en primer lugar. Saber *quién* dio la instrucción en este versículo es clave para entender *cómo* interpretarlo.

El enigma de este pasaje se resuelve al reconocer lo que se explica al final del capítulo en el versículo 25:

«En esos días no había rey en Israel; cada uno hacía lo que le parecía bien ante sus ojos». En otras palabras, era una época de total anarquía y maldad. Esto es lo que sucede cuando los seres humanos se rebelan contra Dios. Es escalofriante. Debe serlo. Este pasaje debería perturbarnos... no porque esté registrado en la Biblia y, por lo tanto, pensemos que Dios debe aprobarlo. No. Es perturbador porque nos muestra las repercusiones de tomar los asuntos en nuestras propias manos, confiar en nuestros propios corazones y actuar según nuestros deseos internos. Nuestros corazones están desesperadamente enfermos. Este pasaje lo ilustra en términos sin adornos.

5. **Aplica el pasaje a tu vida.** Vaya, este capítulo tomó un giro oscuro, ¿verdad? Gracias por resistir. Sin embargo, este material es importante, pues resalta lo vital que es entender estos principios básicos de interpretación. Fíjate que ni siquiera hemos hablado todavía de la aplicación. En su celo por aplicar la Biblia a sus propias vidas, muchos cristianos pasan por alto estos principios por completo y de inmediato se preguntan: ¿Qué significa esto para mi vida? No obstante, abordar las Escrituras solo a través del lente del yo conducirá a una visión endeble de Dios. Créeme, yo he pasado por eso.

Cuando era más joven, no tenía ni idea de estos principios. Solo sacaba el Antiguo Testamento de su contexto histórico y lo aplicaba al instante a cualquier batalla espiritual en la que me encontrara. Reclamaba promesas que no se hicieron para mí y me aferraba a ellas como si mi vida dependiera de ellas. Ni siquiera pensaba en considerar que muchas de las promesas hechas a Israel en el Antiguo Testamento no eran para mí en lo personal. No leía más adelante para notar que a menudo se prometía una maldición por la desobediencia. Es fácil reclamar Jeremías 29:11: «Porque yo conozco los planes que tengo para ustedes —afirma el Señor—, planes de bienestar y no de calamidad, a fin de darles un futuro y una esperanza» (NVI), como garantía de una vida próspera y sin sufrimientos. Por lo tanto, tomemos nuestros principios y apliquémoslos (antes de aplicar el versículo a nuestra vida personal).

Primero, consideremos el contexto histórico. Este versículo se encuentra en una narrativa histórica en la que Jeremías servía como profeta justo antes y después que los babilonios llevaran cautivo a Israel. ¿Recuerdas cuando al adolescente Daniel lo capturaron y llevaron a Babilonia, donde no quiso comer la carne de la mesa del rey y sus amigos no se inclinaron ante el gigantesco ídolo de oro? Fue por esa misma época. Encontramos esta promesa en una carta que Jeremías les escribió a los exiliados, animándoles a seguir adelante con sus vidas y a confiar en Dios. El profeta les aseguró que después de setenta años de cautiverio, Dios los traería de regreso a la Tierra Prometida. (Este es el contexto inmediato).

Ahora viene la parte divertida. Cuando comparamos este pasaje con el conjunto de las Escrituras, empieza a surgir una historia. Sabemos que, en última instancia, se trata de Jesús, y en el contexto de toda la historia de las Escrituras, sabemos que Dios prometió al Mesías a través del pueblo judío. Este pasaje en Jeremías es de suma importancia porque, en esencia, Dios promete cumplir esa promesa. Conocía los planes que tenía para Israel. Estaban en cautiverio debido a su desobediencia, pero Él los restauraría. Su plan de salvación no se frustraría. Esta situación formaba parte de su plan. Qué visión tan rica de la soberanía de Dios, un principio que podemos aplicar de inmediato a nuestra vida. Dios es soberano y digno de confianza, y podemos descansar en eso.

Entonces, ¿cuál es la aplicación de Jeremías 29:11 al cristiano de hoy? Cuando situamos el pasaje en el contexto de lo que conocemos desde el Génesis hasta el Apocalipsis, aprendemos que Dios *tiene* un plan para nosotros... y *es* un futuro lleno de esperanza. Sin embargo, no necesariamente se nos promete en esta vida (y no estamos en cautiverio en Babilonia, así que eso es todo). Por lo que en cierto modo, somos *algo así como* esos israelitas en cautiverio. En 1 Pedro 2:11 (NVI) se nos dice que somos «extranjeros y peregrinos» en esta tierra. En 2 Pedro 3:13 se nos enseña a mirar hacia la esperanza futura de una nueva creación. Podemos recordar esta hermosa promesa hecha a Israel y saber que el Dios que los guio dentro y fuera del cautiverio está a cargo de nuestro destino también. Él no cambia, y podemos descansar en su soberanía, así como en su plan de llevarnos a un cielo nuevo y una tierra nueva (Apocalipsis 21-22).

UN DESTINO CIERTO

Saber que Dios tiene nuestro futuro debería reconfortarnos. Sugiero que miremos a Pablo como un gran ejemplo de alguien que entendió esto en profundidad. Al apóstol Pablo lo secuestraron, golpearon, azotaron, encarcelaron, ridiculizaron, apedrearon y sufrió el naufragio, todo antes de que lo decapitaran al final. Imagínate si Pablo hubiera aceptado el mantra cultural: «¡Eres tu propio jefe»! ¡Mi madre!, es probable que habría seguido su corazón hasta el final para evitar que lo golpearan y apedrearan. En cambio, cuando lo encarcelaron por predicar el evangelio, lo vio sobre todo como una oportunidad para iniciar un ministerio en la cárcel. No, nosotros no somos nuestros propios jefes. Nuestro jefe es Jesús, y Él dice que la Biblia es nuestra guía. Así que podríamos pasarnos el resto de la vida sondeando las profundidades de su sabiduría y de la verdad inspirada por Dios. El pastor y teólogo James Montgomery Boice lo expresó mejor:

> La Biblia es algo más que un cuerpo de verdades reveladas, una colección de libros verbalmente inspirados por Dios. Se trata también de la voz viviente de Dios. El Dios vivo nos habla en sus páginas. Por lo tanto, no debe ser valorada como un objeto sagrado para ser colocado en una repisa y olvidado, sino como un lugar santo, donde los corazones y las mentes de las personas puedan entrar en un contacto vital con el Dios vivo, lleno de gracia y perturbador[13].

¡Qué bendición plantar nuestros pies sobre una autoridad inmutable! Una que es veraz por completo. Perfecta e infalible en su totalidad. Y la gran ventaja de apoyarse en las verdades perdurables de la Palabra de Dios es que sus definiciones no cambian. El amor descrito en la Biblia siempre será amor verdadero... a pesar de los mejores esfuerzos de nuestra cultura por redefinir esa palabrita de cuatro letras.

11
MÁQUINA DE DISCOS
Todo es cuestión de amor

Todo lo que necesitas es amor. Aunque un
poco de chocolate de vez en cuando no
hace daño.

Atribuido a Charles M. Schulz

Cuando tenía ocho o nueve años, mi mamá pasó de ser una madre jipi de la comida saludable, a una que llamaba por su nombre al pizzero local. Y pareció ocurrir de la noche a la mañana. Por ejemplo, en mi séptimo cumpleaños, preparó un nutritivo pastel de plátano y especias endulzado con miel y salpicado de trocitos de algarroba. Y, de repente, empezamos a frecuentar la pizzería local cuando no pedíamos comida a domicilio o pasábamos por McDonald's en auto. Al volver la vista atrás, me doy cuenta de que, por supuesto, acababa de dar a luz a su cuarto hijo y todas las reglas anteriores desaparecieron. Es como dijo el comediante Jim Gaffigan: «¿Quieres saber lo que es tener un cuarto hijo? Imagínate que te estás ahogando... y entonces alguien te da un bebé»[1]. (Yo experimenté un cambio similar. Con mi primera hija, utilicé un molino de grano manual para moler mijo germinado y granos de trigo. Cuando nació mi segundo hijo, ya mojaba el chupete en helado derretido solo para tener un momento de paz). A mi madre, que tenía tres hijas pequeñas y bulliciosas, un bebé recién nacido y un esposo que se ausentaba con frecuencia, la pizza debía parecerle literalmente la mano extendida de la misericordia de Dios. (Eso, y las perlas de baño Calgon).

Por aquel entonces, los sistemas de videojuegos domésticos eran raros (¿qué eres, rico?) y los iPod no existían. Así que las pizzerías servían para varias cosas: juegos, música y comida reconfortante con carbohidratos. A menudo, tenían pequeñas salas recreativas con juegos como PAC-MAN, Galaga, Frogger y Donkey Kong. Si (y quiero decir *sí*) el presupuesto permitía unas monedas para jugar, era como si la Navidad se hubiera adelantado. A mí me gustaban los juegos, pero me *encantaba* la máquina de discos o gramola, una Wurlitzer Zodiac 3500 de última generación. Por veinticinco centavos, podías elegir cualquier canción de la lista seleccionada y sonaba por el altavoz del comedor. Mi canción favorita en ese momento era «A través de los años», por Kenny Rogers, pues me ofrecía todas las sensaciones románticas acerca del amor que una preadolescente pudiera contener. Siempre guardaba una de mis monedas para invitar a todo el que estuviera cerca a apreciar la impecable interpretación vocal del único e inigualable Kenny Rogers.

Una noche, por alguna razón que nunca sabré, la gramola era gratis. No hacía falta monedas. Ya sabes lo que eso significa. Podía tocar «A través de los años» una docena de veces y nadie me podía detener. Y eso fue justo lo que hice. Debí haberme parado frente a esa máquina de música durante treinta minutos seguidos presionando el botón una y otra vez. Cuando sonó la canción, disfruté de un maratón que duró desde que nos dieron la pizza hasta que salimos del restaurante... y es probable que se prolongara unas cuantas horas después de eso.

La noche siguiente, fui directa a la máquina de discos y busqué en vano mi canción favorita. ¿Me engañaban los ojos? No estaba allí. ¿Quién en la tierra eliminó la mejor canción de amor jamás escrita? Al parecer, después de haber sido torturados durante varias horas por el melódico y suave estilo del cantante country, la administración decidió que ya habían tenido suficiente.

En la época en que me deleitaba en la gloria de la canción de amor que me ponía la piel de gallina, leí en la Biblia que Dios es amor. En cierto modo, lo entendía, pero también creo que lo confundía con los subidones emocionales que me provocaban la música, las películas y los programas de televisión de temática amorosa. Leía mi Biblia con frecuencia, aun de niña, pero es probable que mi definición del amor tuviera más influencia por las comedias románticas de los 80 que por las categorías bíblicas. Por eso, tardé años en comprender que Dios no me ama porque sea guapa, atlética, extravertida o inteligente. Su amor por mí no depende de cuántas cosas buenas haga o incluso de lo adorable que sea. El amor no es algo que Dios hace. Es lo que Él es.

EL AMOR ES LA DROGA

«Todo es cuestión de amor, moralista hijo de p___». Esto, en su totalidad, fue una nota escrita a mano que un pastor amigo recibió un domingo después de predicar un sermón sobre la sexualidad bíblica. Este pastor en particular es un hombre compasivo y sentimental, e impartió su enseñanza con el mayor cuidado y delicadeza. Sin embargo, debido a que enseñó que Dios define el matrimonio como un compromiso para toda la vida entre un hombre y una mujer, desató una tormenta de controversia en su pequeña comunidad.

La simple lectura de una sola frase en la nota escrita a mano provoca todo tipo de preguntas. Si alguien cree que todo es cuestión de amor, ¿por qué insultaría a un pastor local? Quiero decir, si de veras se trata de amor, ¿no debería el escritor haberle mostrado un poco de amor? ¿O es que definimos el amor de manera diferente a como lo hicimos antes?

Escuchar de la carta que recibió mi amigo me recordó otra nota que leí en el libro *Indomable*, del que hablamos en el capítulo 5. La autora del libro, Glennon Doyle, recuerda la carta que recibió de una mujer que conoció en su antigua iglesia. La mujer estaba confundida, pues por una parte quería amar a Doyle y afirmar su decisión de abandonar a su esposo y casarse con otra mujer. Sin embargo, por otra parte, sus convicciones cristianas le impedían celebrar una relación que la Biblia describe como pecaminosa. La mujer escribió: «Quiero poder amarla de manera incondicional, pero tendría que abandonar mis creencias. ¿Qué se supone que debo hacer con este... conflicto de Dios?»[2]. Doyle estuvo de acuerdo que su amiga no podía demostrarle amor verdadero si no afirmaba su relación y le agradeció su sinceridad intelectual. En su respuesta, Doyle escribió un buen ejemplo de la actual definición cultural del amor:

> En primer lugar, gracias por saber que tienes que tomar una decisión. Gracias por no caer en: Te amo, pero [...]. Sabemos que el amor no tiene peros. Si quieres cambiarme, no me amas. Si sientes cariño por mí, pero también crees que me voy a quemar en el infierno, no me amas. Si me deseas lo mejor pero votas en contra de que mi familia esté protegida por la ley, no me amas. Gracias por entender que amarme como a ti misma significa querer para mí y para mi familia todo lo bueno que deseas para ti y tu familia. Cualquier cosa menos que eso es menos que amor[3].

Esta definición de amor es muy persuasiva, pues consigue un par de cosas. En primer lugar, apela a un deseo que tiene la mayoría de la gente, que es ser considerada amable, tolerante y considerada. En segundo lugar, es una forma pasivo-agresiva de avergonzar a quienes no están de acuerdo con tus opiniones teológicas y políticas particulares. En realidad, es bastante totalitaria en sus exigencias. Considera la frase: «Si quieres cambiarme, no me amas». Para que Doyle fuera lógicamente coherente, tendría que admitir una de dos cosas. O bien no quiere a su amiga porque es obvio que intenta *cambiarla*, o bien su definición del amor solo va en una dirección. Para que este punto de vista siguiera siendo coherente de manera lógica, tendría que aplicarse a cualquier relación sexual en la que alguien quisiera participar, o a cualquier definición de familia que una o más personas crean que es cierta. Eso podría oscurecerse muy rápido. Sin embargo, ese tipo de amor no es amor verdadero. No es el tipo de amor que la Biblia describe y ordena. Es más, según la definición de Doyle, Jesús mismo *no amaba*.

¿UN JESÚS JIPI SUPERTOLERANTE?

¿Recuerdas la famosa sección en los Evangelios donde Jesús dijo: «Dejen que los niños vengan a mí; no se lo impidan, porque el reino de Dios es de quienes son como ellos» (Lucas 18:16, NVI)? Mateo y Marcos también relatan este encuentro. La gente le llevó sus hijos a Jesús, pero sus discípulos pensaron que Él tenía cosas mejores que hacer y trataron de echarlos. Jesús reprendió a sus amigos y destacó que su Reino está formado por personas que encarnan cualidades infantiles. Los niños confían con facilidad, aman con generosidad, carecen de poder y prestigio, y no tienen ninguna credencial. Jesús busca seguidores inocentes, no representantes hábiles en relaciones públicas, políticos influyentes o gobernantes ricos. Para que conste, los representantes de relaciones públicas, los políticos y los gobernantes ricos pueden seguir a Jesús, pero la cuestión es que Jesús no busca sacar provecho de sus talentos para expandir su plataforma.

Lo irónico es que un joven rico judío interrumpió la amonestación de Jesús con una pregunta capciosa: «Maestro bueno, ¿qué haré para heredar la vida eterna?» (Lucas 18:18; consulta también Mateo 19:16, 20). Quizá hiciera esta pregunta en particular para resolver una apuesta entre fariseos y saduceos, que tenían puntos de vista diferentes sobre la resurrección y lo que sucede después de la muerte. Quizá la hiciera para averiguar su propio destino eterno. Tal vez acabara de escuchar toda la charla sobre los niños que heredarían el Reino de Dios y se preguntaba qué lugar ocupaba en ese relato. Fuera cual fuera su motivación, *la* pregunta era pertinente. Jesús le respondió diciéndole que nadie es bueno, sino solo Dios (versículo 19). Algunos comentaristas destacan que esta quizá fuera la forma disimulada de Jesús para ayudar al hombre a darse cuenta de la deidad de *Él*. (Después de todo, solo Dios es bueno). El joven no captó la indirecta, así que Jesús le citó algunos de los Diez Mandamientos (no cometer adulterio, asesinar, robar o levantar falso testimonio, y honrar a tu padre y a tu madre). Lo curioso es que Jesús no citó el primero: «No tendrás dioses ajenos delante de mí», pues lo reservaba para más tarde.

¡*Ah, uf!* El hombre le contestó: «Todo esto lo he guardado desde mi juventud» (versículo 21). Por supuesto, es probable que sea menos tentador robar y codiciar si eres rico, pero esto es a lo que Jesús se refería todo el tiempo. Verás, el joven rico y poderoso tenía un ídolo en su corazón. Valoraba algo por encima de Dios. (Lee el primer mandamiento antes mencionado). Sin duda, esto no fue una novedad para Jesús, quien conoce todos los corazones: «Te falta todavía una cosa; vende todo lo que tienes y reparte entre los pobres, y tendrás tesoro en los cielos; y ven, sígueme» (versículo 22). Esto entristeció mucho al acaudalado joven, porque era muy rico... y amaba su dinero. La implicación es que eligió sus riquezas por encima de la vida eterna. Quizá pensara: *Bueno, tal vez los saduceos tengan razón. Mi alma no vivirá para siempre de todas formas, así que más me vale disfrutar la vida que tengo ahora.* Sin importar lo que pensara, solo Marcos relata un hecho interesante. Justo después que el joven le dijera a Jesús que había guardado toda la ley de Dios, Marcos escribe: «Jesús, mirándolo, lo amó» (Marcos 10:21). Lector, no te pierdas esto. Justo antes de que Jesús despidiera al joven que rechazó su oferta y, por eso, no heredaría la vida eterna, la Biblia dice que *Jesús lo amó.*

Revisemos nuestra definición cultural del amor: «El amor no tiene peros. Si quieres cambiarme, no me amas». De seguro que revelaba algo muy obvio en el corazón del joven rico que necesitaba cambiar. Es más, dejó que el hombre se alejara sin ser salvo porque no estaba dispuesto a renunciar a su ídolo. Según esta definición cultural, Jesús no estaba siendo amoroso. (Esta podría ser una buena oportunidad para que todos revisemos nuestros propios corazones. ¿Vamos a creerle a un escritor popular sobre el amor, o vamos a creerle a Jesús, quien es el Amor mismo?).

Consideremos otro ejemplo en Apocalipsis 2:1—3:22, las cartas de Jesús a siete iglesias diferentes. Algunos intérpretes ven que estas cartas ofrecen una descripción general y simbólica de la soberanía de Dios a lo largo de la historia. Otros entienden que no iban dirigidas a iglesias concretas, sino a *la Iglesia* en general. Aun otros piensan que representan períodos de la historia de la Iglesia. Sean quienes sean los destinatarios (creo que eran iglesias del primer siglo), todo el mundo está de acuerdo en que las cartas son relevantes para la Iglesia actual. En otras palabras, salta a la vista que las cartas son para las iglesias, y nosotros también nos encontramos en el punto de mira de Jesús. Una de las cartas iba dirigida a la iglesia de Tiatira, un centro comercial situado en la actual Turquía. También era la ciudad natal de Lidia, la «vendedora de telas de púrpura» que conocimos en Hechos 16:14. Aparte de eso, no sabemos mucho sobre la ciudad.

En la carta a la iglesia de Tiatira, Jesús atacó con dureza a una mujer llamada Jezabel, una autoproclamada «profetisa» que inducía a los cristianos a la inmoralidad sexual y la idolatría. Después de darle tiempo para que se arrepintiera, Jesús dijo: «La postraré en cama [...]. Y a sus hijos mataré» (versículos 22 y 23). Sin embargo aquí está lo interesante. Antes de pronunciar su juicio sobre ella, reprendió a toda la iglesia de Tiatira por el pecado de *tolerancia*. Jesús dijo: «Pero tengo esto contra ti: que toleras a esa mujer Jezabel» (versículo 20). La definición cultural del amor se desvanece con rapidez, ¿verdad? Repasemos: «Si sientes cariño por mí, pero también crees que me voy a quemar en el infierno, no me amas».

BIENVENIDOS A AGAPELANDIA

La Biblia dice mucho más acerca del amor. Jesús nos ordena amar a nuestros enemigos. ¿Eso significa que les consentimos a nuestros enemigos sus acciones injustas? ¿Significa que no tratamos de cambiarlos? Según la definición cultural popular, sí. En cambio, no es así como la Biblia define el amor.

En 1 Corintios 13 se nos dice que el amor es más importante que el conocimiento, el compromiso con una causa, la capacidad profética o una fe poderosa. Pablo dijo que, si tenemos todas esas cosas en abundancia, pero no tenemos amor, no somos nada. ¡Cielos! Eso significa que la forma en que definimos el amor es muy importante. Gracias a Dios, Pablo hizo justo eso. Escribió: «El amor es paciente, es bondadoso; el amor no tiene envidia; el amor no es jactancioso, no es arrogante; no se porta indecorosamente». (Esta es la parte que nos gusta a todos. Pero espera, la cosa se pone peor). Continuó: «No busca lo suyo, no se irrita, no toma en cuenta el mal recibido». (*¿Quieres decir que no puedo exigir a los demás que se plieguen a mis opiniones teológicas y políticas muy concretas si quieren amarme?*).

A continuación, Pablo escribió: «No se regocija de la injusticia, sino que se alegra con la verdad». (*¡Vaya! ¿Esto significa que cuando soy una persona amorosa, no puedo regocijarme en un comportamiento pecaminoso, sino que se me ordena regocijarme solo cuando las cosas se alinean con la verdad de la Palabra de Dios?*). Según las Escrituras, el amor significa que no puedo consentirle a alguien su pecado, aun cuando insista en que el amor lo requiere. En ese sentido, la definición bíblica del amor es todo lo contrario a la definición cultural.

La palabra griega más utilizada para describir el amor en el Nuevo Testamento es *ágape*. *Ágape* y sus derivados se usan 341 veces y se encuentran en todos los libros del Nuevo Testamento. Es la palabra utilizada para comunicar el amor de Dios por nosotros y nuestro amor por Dios (Romanos 8:37; Mateo 22:37). Es la palabra empleada para ordenarnos como iglesia que nos amemos unos a otros (Juan 13:34). Es la que caracteriza el amor que un esposo debe tener por su esposa (Efesios 5:25), y el amor que nosotros como cristianos debemos tener por nuestro prójimo (Romanos 13:9). Es la palabra que Pablo utiliza en 1 Corintios 13 para referirse al amor. Es la palabra que expresa la naturaleza misma de Dios en 1 Juan 4:8. Dios es *ágape*.

En otras palabras, *ágape* significa amor divino, no amor mundano. Nuestra comprensión del significado del amor debe partir de la naturaleza y el carácter de Dios. Dado que el amor es Dios, es importante que no caigamos en un error común. No podemos definir el amor de la manera que queramos y luego decir que *eso* es Dios. Debemos entender quién es Dios y, entonces, podremos decir que *eso* es el amor. A Dios no lo define nuestro entendimiento del amor. El amor se define por quién es Dios. A lo largo de las Escrituras, aprendemos acerca de este amor. El teólogo Wayne Grudem lo describe de esta manera: «El amor de Dios quiere decir que eternamente Dios se da a otros»[4]. El apóstol Juan lo describe de manera hermosa cuando nos dice: «Amados, amémonos unos a otros, porque el amor es de Dios, y todo el que ama es nacido de Dios y conoce a Dios. El que no ama no conoce a Dios, porque Dios es amor» (1 Juan 4:7-8).

EL AMOR ES LA CRUZ

Mucho antes de que fuéramos siquiera un brillo en los ojos de nuestros padres, Dios era un ser en tres personas, y la Trinidad ha existido en una relación de amor por toda la eternidad. Jesús se refirió a ese vínculo cuando oró para que sus seguidores «vean mi gloria, la gloria que me has dado; porque me has amado desde antes de la fundación del mundo» (Juan 17:24). Fíjate en que Jesús mencionó de manera específica que el amor del Padre por Él estaba presente desde antes de la creación. Sin embargo, no se detuvo ahí. Continúa hoy. Juan 3:35 nos dice que «el Padre ama al Hijo» (tiempo presente).

Ahora que sabemos que la Trinidad ha existido en perfecto amor desde la eternidad, podemos centrar nuestra atención en dónde encajamos nosotros en el cuadro. Dios es amor, y su amor está íntimamente relacionado con su bondad. No nos ama porque lo merezcamos, sino por lo que Él es. El teólogo Louis Berkhof lo expresó así: «Dios es absolutamente bueno en sí mismo, su amor no puede hallar perfecta satisfacción en ningún objeto que carezca de absoluta perfección. Él ama a sus criaturas racionales a causa de sí mismo, o para expresarlo en otra forma: Se ama en ellas; las virtudes de Él, las ama en ellas; el trabajo de Él, lo ama en ellas; los dones de Él, los ama en ellas»[5]. Aunque seamos imperfectos, nos sigue amando. Sin embargo, esto sería imposible sin la expiación. Él no pasa por alto nuestros pecados ni nos odia por estos. John Stott escribió: «Lejos de condonar el pecado, su amor ha hallado la manera de exponerlo (porque él es luz) y de consumirlo (porque él es fuego) sin destruir al pecador, sino antes salvándolo»[6]. Así es que sabemos que Él nos ama.

El amor de Dios se manifestó en la persona de Jesús. En otras palabras, Dios nos mostró su amor al enviar a su Hijo como sacrificio por nuestros pecados (1 Juan 4:9-10). Jesús nos lo insinuó en Juan 15:13: «Nadie tiene un amor mayor que este: que uno dé su vida por sus amigos». Aquí es donde Jesús conectó de forma directa el amor con la disposición a sufrir. El apóstol Pablo cerró este círculo en Romanos 5:8 cuando explicó cómo Dios demostró su amor por nosotros: «Siendo aún pecadores, Cristo murió por nosotros». Así que podemos renunciar a la idea de que Dios nos ama porque de alguna manera nos ganamos su amor. No es que Dios nos creara, viera lo extremadamente adorables que éramos y solo se enamorara de nosotros. Éramos pecadores, pero Cristo nos amó. Porque Él es amor.

Una vez que entendemos que Dios es amor y que nos mostró su amor por nosotros por medio de Cristo, podemos amar a otros. Según 1 Juan 4:19, solo amamos porque Dios nos amó primero. El verdadero amor bíblico no se basa en el objeto del amor, sino en el dador del amor. Por eso necesitamos sacarnos de la cabeza el tipo de amor de las comedias románticas de Disney, Kenny Rogers y los ochenta. El verdadero amor bíblico no es ni una afirmación trillada de las opciones de vida de alguien, ni tener a alguien como rehén de nuestra propia política o teología. Cristiano, puedes escoger a cualquiera de la calle y amarlo. Puesto que el verdadero amor bíblico no lleva cuentas. No espera recompensas a cambio. Dice la verdad. Todo lo cree, todo lo espera y todo lo soporta. Nunca falla. El amor es una persona. El amor está dispuesto a sufrir. El amor se entregó eternamente a los demás. Creo que el filósofo Peter Kreeft lo dijo mejor:

El amor es la razón por la que Él vino. Todo es amor. El zumbido de las moscas alrededor de la cruz, el golpe del martillo romano cuando los clavos desgarran su carne tan suave, el golpe infinitamente más duro del odio de su propio pueblo, martilleando su corazón: ¿por qué? Por amor. Dios es amor, como el sol es fuego y luz, y Él no puede dejar de amar, como el sol no puede dejar de brillar [...]. El verdadero amor, a diferencia de los sustitutos populares, está dispuesto a sufrir. El amor no es «cariño». El amor es la cruz.

12
RESENTIMIENTOS
El poder femenino es el verdadero poder

¿Qué clase de mundo sería este si Eva
hubiera rechazado la oferta de la serpiente
y le hubiera dicho: «No me dejes ser como
Dios. Déjame ser aquello para lo que me
crearon, déjame ser mujer»?

Elisabeth Elliot, *Déjame ser mujer*

A los pocos años de terminar el instituto, descubrí que cargaba sobre el hombro resentimiento hacia los hombres. No estoy segura de cómo llegó ahí ni de dónde salió. Hasta entonces, los hombres influyentes de mi vida habían sido muy buenos conmigo. Mi abuelo me adoraba, mi padre creía que podía llegar a ser presidenta de los Estados Unidos y la escasa experiencia que había tenido en salir con chicos tampoco estaba nada mal. No crecí oprimida ni silenciada solo por ser mujer. Sin embargo, cada vez que miraba mi proverbial hombro, el resentimiento estaba allí.

En lo que respecta al resentimiento, este comenzó como algo pequeño con sentimientos de competencia con los hombres. Creció hasta convertirse en un leve pero constante deseo de verlos fracasar. Por supuesto, en mi mente este fracaso proporcionaría una oportunidad para que una mujer hiciera el trabajo como es debido. De ahí progresó hasta convertirse en absoluta amargura y desprecio por los hombres. Sin embargo, nada de esto sucedía a nivel consciente. No es que me levantara cada mañana buscando formas de aplastar el patriarcado o destruir a todos los hombres que se cruzaban en mi camino. Solo estaba ahí, balanceándose sobre mis hombros como un accesorio que compré en una *boutique*. Muy pronto, este pequeño resentimiento se convirtió en un grande y pesado rencor. Afectó a mi forma de leer la Biblia. Buscaba historias de mujeres poderosas en las Escrituras, no porque me alegrara conocer el corazón de Dios hacia ellas, sino porque podría ser una ocasión para ver a un hombre puesto en su lugar.

Leí la historia de Débora, la jueza, profetisa y, a la larga, líder militar de Israel. En vez de darle gracias a Dios con humildad por el papel que Dios le confió y aprender lo que pudiera acerca de *su* naturaleza y carácter, empecé a hacer de Débora mi arma. Me deleité cuando llamó a Barac, el comandante del ejército de Israel, y le dijo que el Señor les había dado la victoria, solo para ver vacilar al guerrero. Cuando Barac dijo que iría a la batalla solo si lo acompañaba, ella aceptó sin dudarlo y profetizó: «El honor no será tuyo en la jornada que vas a emprender, porque el Señor venderá a Sísara [el comandante enemigo] en manos de una mujer» (Jueces 4:9). ¡Cielos! Lo leí despacio y con veneno. Sin embargo, no solo se trataba de Débora. En mi vida de joven adulta, utilicé como arma a todas las mujeres fuertes que encontré en la Biblia. Jael, Abigail y Ester estaban en mi arsenal. ¿Y María de Betania, que eligió sentarse a los pies de Jesús en lugar de cocinar y limpiar? *A eso me refería.*

¡Madre mía! Es difícil escribir esto, pues Dios ha hecho una gran obra de sanidad en mi corazón desde entonces. Amo de manera profunda a los hombres y quiero verlos florecer en todos los sentidos. Es duro volver la vista atrás, a mi yo más joven, y ver tanta fealdad en mi propio corazón. No obstante, esa oscuridad estaba ahí. Y su nombre era resentimiento.

LANZA COMO UNA CHICA

Hace varios años, una conocida marca de productos femeninos lanzó un anuncio en el Supertazón en el que animaba a las usuarias de las redes sociales a emplear la etiqueta #LikeA-Girl [#comounachica]. El anuncio mostraba a chicos y chicas adolescentes representando cómo es «correr como una chica», «lanzar como una chica» y «luchar como una chica». En la versión que vi, todas y cada una de las adolescentes representaban estereotipos tontos y caricaturescos de chicas agitando los brazos mientras hacían lamentables intentos de participar en estas actividades. En un vídeo de seguimiento, el director les preguntó a las jóvenes si había algo que alguna vez alguien les dijo que no podían hacer por ser mujeres. Escribieron sus respuestas en grandes cajas blancas... palabras y afirmaciones como «débiles», «lentas», «emocionales», «sumisas», «flexiones de niña», «las mujeres no pueden ser médicos», «no deberían ser muy ambiciosas», y «demasiado bonita para jugar al fútbol». El clímax del vídeo mostraba a las jóvenes derribando triunfalmente las cajas, dándoles patadas e incluso golpeándolas con un mazo. Esta serie de anuncios se recibió con una aprobación abrumadora. La revista *Self* tuiteó que era su anuncio favorito del Supertazón de ese año, y el *Huffington Post* lo aclamó como «innovador»[1]. El mensaje era claro: No hay nada que no puedas hacer por el simple hecho de ser una chica.

El problema de este mensaje es que no es cierto. Hay muchas cosas que no debes ni puedes hacer si eres mujer. Si eres mujer, es probable que no debas entablar un combate cuerpo a cuerpo con un hombre. (Por supuesto, hay excepciones, pero las excepciones existen porque son inusuales). Si eres mujer, es probable que no puedas levantar pesas como un hombre normal ni correr tan rápido como un hombre. Tampoco puedes dejar embarazada a otra persona ni tener cáncer de próstata. Por otro lado, hay muchas cosas que no debes ni puedes hacer si eres hombre. No debes entablar combate cuerpo a cuerpo con una mujer ni obligarla a mantener relaciones sexuales contigo. No puedes dar a luz, amamantar a un bebé ni tener cáncer de ovarios.

Por supuesto, los mensajes escritos en las cajas variaban en su naturaleza. ¿Pueden las mujeres ser médicas? Sin duda. ¿Son las mujeres menos inteligentes que los hombres? Claro que no. En cambio, ¿por lo general son más débiles que los hombres físicamente? Bueno... por algo se les llama «flexiones de chica».

En nuestra cultura, afirmar que existen diferencias entre hombres y mujeres se ha convertido en tabú. Lo lamentable es que hemos tomado todas las fortalezas que los hombres suelen poseer y las hemos convertido en el estándar de bueno y valioso. Debido a esto, las mujeres sienten que necesitan luchar como hombres, competir con los hombres en el lugar de trabajo y lograr todas las cosas que hacen los hombres. Sin embargo, ¿por qué nadie hace de la feminidad el estándar de todo lo bueno y valioso? Fíjate en que nuestra cultura no les dice a los hombres que para ser relevantes deben quedarse embarazados, algo que solo pueden hacer las mujeres. (Quiero dejar muy claro que no digo que las mujeres solo sirven para estar descalzas y embarazadas. Aun así, debe notarse que uno de los personajes femeninos más feroces de toda la historia del cine es Evelyn Abbott, interpretada por Emily Blunt en la película de terror *Un lugar tranquilo* y sus secuelas. Literalmente, estuvo descalza y embarazada durante gran parte de la primera película mientras averiguaba cómo derrotar a alienígenas mortíferos a la vez que criaba niños capaces y educados en una América postapocalíptica, todo sin tener que participar ni en una sola pelea a puñetazos. Pero me desvío del tema). Amigos, estamos comprando mentiras. Es una hermosa verdad que Dios creó al hombre y a la mujer, iguales en mérito y valía, pero diferentes en función y responsabilidad.

Tomemos, por ejemplo, la afirmación de que las mujeres son «demasiado emocionales». ¿Por qué creemos de manera automática que se trata de un estereotipo negativo que hay que derribar para aplastar al patriarcado? ¿Podría ser que Dios programara una inteligencia emocional en las mujeres porque son literalmente las responsables de traer a todos los nuevos seres humanos al mundo? ¿Podría ser que tengan que ser intuitivas y cuidadoras por naturaleza, con instintos agudos diseñados para la supervivencia y el florecimiento de los individuos? En lugar de ver esto como una debilidad que hay que superar, alabo a Dios por la belleza de su diversa creación.

Del mismo modo, ¿podría ser que Dios creara en los hombres un instinto inclinado a proteger y proveer? ¿Podría ser que las diferencias entre hombres y mujeres encajen como piezas de un rompecabezas para garantizar que ambos florezcan, y que toda la familia y la sociedad en general prosperen?

Una vez hablé con una joven estudiante después de una charla en el servicio de capilla de su instituto. Lloraba por pasajes de la Biblia que consideraba opresivos para las mujeres. En particular, no entendía por qué Dios creó al hombre y a la mujer diferentes. Entre suaves sollozos susurró: «¿Por qué no hizo nuestros cuerpos iguales?». A decir verdad, nunca me había planteado la pregunta desde ese punto de vista, así que fui a Génesis 1 y repasé el relato de la creación, prestando especial atención a lo que decía sobre las mujeres: «A imagen de Dios lo creó; varón y hembra los creó» (versículo 27). Le expliqué que Dios no solo creó al hombre a su semejanza. A la mujer también.

Entonces, le dije: «Tienes un sistema circulatorio completo. Tienes un sistema cardiovascular completo. Tienes un sistema nervioso completo. Sin embargo, Dios solo te dio la mitad del sistema reproductivo. ¿Qué te dice eso?». Sus ojos se iluminaron un poco y pude ver cómo se ponían en marcha los engranajes.

Le dije: «Quizá Dios nos hizo con cuerpos diferentes porque quería que comprendiéramos algo increíblemente importante acerca de lo que los niños necesitan por naturaleza... una mamá y un papá. Además, creo que es hermoso saber que *juntos*, un hombre y una mujer reflejan la imagen de Dios.

Me doy cuenta de que, según nuestra cultura, «son palabras mayores». Entonces, ¿has notado que todo, desde la música hasta las películas y las redes sociales, está orientado a garantizar que las mujeres crean que no son diferentes de los hombres y que pueden lograr todo lo que los hombres puedan lograr? En los últimos años me ha molestado especialmente ver cómo cada vez más programas de televisión y películas normalizan las peleas físicas entre personajes femeninos y masculinos. Lo sé, lo sé. Ahora mismo parezco como una santurrona chapada a la antigua. Puedo oírme decir eso mientras plancho un tapete de encaje antes de gritarles a los niños del vecindario: «¡Fuera de mi jardín!». Pero en serio. Se está volviendo absurdo. No puedo decir cuántas veces he visto a una mujer flacucha de unos cincuenta kilos (que no tiene superpoderes como el Capitán Maravilla o la Mujer Maravilla) dándole una paliza a un gigante de la marina de guerra... o a un conjunto de las fuerzas navales. Por lo general, su dureza se destaca por lo bien que aguanta un puñetazo.

Después de analizar estos personajes femeninos en las películas, el teólogo Dr. Alastair Roberts escribió:

> Hemos pasado de una situación con mundos distintos de actividad de género [...] a otra en la que a hombres y mujeres los presionan hacia un único mundo intersubjetivo y existencial, uno que por tradición era masculino. El resultado es una asfixia de los hombres, ya que la virilidad se convierte en una amenaza social y la fuerza masculina en un problema que hay que resolver [...].

El hecho de que la estatura de la mujer como agente de pleno derecho se trate de manera tan sistemática como si dependiera de cosas tales como su fuerza física y sus habilidades de combate, o de la exagerada debilidad o de que supere a los hombres que la rodean, es una señal de que, aunque los hombres se vean cada vez más asfixiados allí, las mujeres operan en un reino que se rige por las reglas de los hombres. La posibilidad de un mundo en el que las mujeres sean el sexo más débil, puedan alcanzar la estatura y la dignidad de agentes y personas de pleno derecho, verdaderos homólogos e iguales a los hombres, parece estar, en su mayor parte, fuera del alcance imaginativo de la gente[2].

Es una cita un poco más larga, pero espero que la asimiles y la vuelvas a leer muy despacio. Diagnostica a la perfección nuestro problema cultural en torno al poder femenino. Sin embargo, ¿es el «poder femenino» el tipo de poder al que deberíamos aspirar?

MANZANAS

Según la Biblia, la historia de la humanidad comenzó en un huerto. Dios creó el primer ser humano, Adán, y lo colocó en el Edén con la libertad de comer el futo de cualquier árbol excepto uno. «Y ordenó el SEÑOR Dios al hombre, diciendo: De todo árbol del huerto podrás comer, pero del árbol del conocimiento del bien y del mal no comerás, porque el día que de él comas, ciertamente morirás» (Génesis 2:16-17).

Todos sabemos lo que sucedió después. Dios durmió a Adán, le hizo una pequeña operación en el costado y creó a la primera mujer. Eva no estaba allí cuando Dios le dio a Adán la orden sobre los árboles, así que lo más probable es que obtuviera la información de él. Aparece la serpiente. Esta criatura, que las Escrituras identifican como el diablo (Apocalipsis 12:9), vino para tentar a Eva a rebelarse contra Dios en Génesis 3. Fue muy astuta y comenzó con: «¿*De veras* Dios les dijo [...]?» (versículo 1, NTV). Le preguntó si Dios les dijo en realidad que no podían comer de ninguno de los árboles del huerto. Fíjate que, desde el principio, malinterpretó las palabras de Dios y convirtió lo positivo en negativo. Dios dijo que *pueden* comer; Satanás lo tergiversó y dijo que *no deben comer.*

Eva cayó en la trampa. Es más, ella misma lo torció un poco. Bueno... para ser justos, o lo tergiversó o Adán se equivocó al transmitirle las instrucciones de Dios, pero en cualquier caso, la palabra de Dios se tergiversó. Eva respondió: «Del fruto de los árboles del huerto podemos comer; pero del fruto del árbol que está en medio del huerto, ha dicho Dios: "No comeréis de él, ni lo tocaréis, para que no muráis"» (Génesis 3:2-3). Es importante reconocer un par de correcciones importantes que Eva hizo en cuanto a lo que dijo Dios. Una fue de omisión; la otra de adición. En primer lugar, generalizó el mandato original de Dios, omitiendo los detalles de poder comer *libremente* de *cualquier otro* árbol. En segundo lugar, añadió: «ni lo tocaréis», lo cual no estaba en el mandato original de Dios. Al ignorar partes de la palabra de Dios y añadir otras, Eva se sintió muy confundida y, al final, engañada. En ese momento, la serpiente se lanzó a matar. En esencia, le dijo que no moriría (versículo 4). Es probable que esto disipara cualquier temor (¿recuerdas la novocaína del vampiro en el capítulo 7? ¿Dónde está Bella cuando la necesitas?) e hizo a Eva más susceptible a su siguiente movimiento. Es más, la convenció de que Dios le estaba ocultando algo maravilloso y que, si comía el fruto, sería como su Creador, conociendo el bien y el mal.

Cuando la serpiente le dijo a Eva que al comer del fruto prohibido sería «como Dios», no le mentía *completamente.* Lo sabemos porque en Génesis 3:22, Dios dijo: «He aquí, el hombre ha venido a ser como uno de nosotros, conociendo el bien y el mal». Esta es la cuestión: cuando se trata de engañar, las mejores mentiras contienen *mucha* verdad. En cierto modo, cuando Adán y Eva comieron del fruto, sus ojos se abrieron y se hicieron como Dios, pero Dios y la serpiente tenían dos opiniones muy diferentes al respecto. La diferencia es que la serpiente presentó «ser como Dios» como algo bueno, pero Dios sabía que en realidad era muy peligroso. *El fruto no era algo bueno que Dios no quería que tuvieran, sino algo increíblemente destructivo del que Dios protegía a Adán y Eva.* Quería protegerlos del mal que Satanás intentaba introducir en la buena creación de Dios. Incluso hoy, Satanás quiere que veamos los mandamientos de Dios como barreras que nos impiden disfrutar de las cosas a las que tenemos derecho. En realidad, Dios nos está protegiendo de algo que nos hará daño.

Sin embargo, ¡qué pena!, Eva siguió a su corazón. El texto continúa: «Cuando la mujer vio que el árbol era bueno para comer, y que era agradable a los ojos, y que el árbol era deseable para alcanzar sabiduría, tomó de su fruto y comió; y dio también a su marido que estaba con ella, y él comió» (versículo 6). Es interesante que el apóstol Pablo señalara en Romanos 5:12 que el pecado entró en el mundo por *un hombre*. Aunque engañaron a Eva, Pablo nos dice en 1 Timoteo 2:14 que a Adán no lo engañaron. Aun así, parece que el responsable fue él. Acabamos de leer en Génesis que él estuvo con ella todo el tiempo y, según Romanos 5, la muerte se extendió a todos los humanos por *su* culpa. Las Escrituras no nos dicen mucho sobre la motivación de Adán, pero aclara que Eva vio que el fruto era «bueno», «agradable a los ojos» y «deseable para alcanzar sabiduría» (versículo 6). Para mí, Génesis 3 tal vez sea la sección más fascinante de las Escrituras, y hay mucho más que podría decirse y explorarse. De modo que el punto principal aquí es que tanto Adán como

Eva, a su manera, se convirtieron en el estándar de la verdad y la bondad en lugar de Dios y su palabra.

Debido a que Adán y Eva decidieron rebelarse contra Dios, todo el cosmos quedó sumido en el caos. La creación se maldijo, los humanos se maldijeron y la muerte humana se convirtió en una realidad inminente.

La fórmula del diablo nunca ha cambiado.

CÓMO DEJARSE ENGAÑAR EN 7 SENCILLOS PASOS

1. Cuestionar lo que Dios dijo en realidad.
2. Tergiversar lo que dijo Dios.
3. Pintar a Dios como el acosador malvado en el cielo que usa tácticas de miedo para evitar que te diviertas.
4. Persuadirte de confiar más en ti mismo que en Dios y en su Palabra.
5. Lanzar tu vida hacia las tinieblas y el caos.
6. Convencerte de que las tinieblas y el caos son algo bueno.
7. Aclarar, reciclar, repetir.

De manera literal, es la mentira más antigua en el libro.

COMER O NO COMER, ESA ES LA CUESTIÓN

Satanás no cambia sus tácticas, solo las adapta a los tiempos. Los mismos trucos. Diferente presentación y entrega. He aquí un ejemplo:

La forma en que el poder justifica el control de un grupo es condicionando a las masas para que crean que no se puede confiar en el grupo. Así que la campaña para convencernos de que desconfiemos de las mujeres empieza pronto y viene de todas partes[3].

En *Indomable*, Glennon Doyle sigue estas palabras con ejemplos de la cultura en la cual ve que esto ocurre. Desde los cuentos de hadas hasta la industria de la belleza, pasando por la cultura de las dietas y el sistema legal, parece que el deseo rabioso del patriarcado de mantener a las mujeres por debajo de sus posibilidades no tiene fin. Doyle escribe: «La lección de Adán y Eva, la primera historia formativa que me contaron sobre Dios y la mujer, fue esta: Cuando una mujer quiere más, desafía a Dios, traiciona a su pareja, maldice a su familia y destruye el mundo»[4]. Después de animar a las mujeres a confiar en sus deseos y permanecer fieles a sus voces interiores, le da la vuelta a la historia de Adán y Eva:

Si las mujeres confiaran y reclamaran sus deseos, el mundo tal como lo conocemos se desmoronaría. Quizá sea eso precisamente lo que tiene que ocurrir para que podamos reconstruir vidas, relaciones, familias y naciones más verdaderas y hermosas en su lugar.

Quizá Eva nunca debió ser nuestra advertencia. Quizá estaba destinada a ser nuestro modelo.

Reconoce tus deseos.
Come la manzana[5].

Para el cristiano promedio, esto puede parecer una interpretación chocante. Culpar a la Biblia de ayudar a construir una cultura predispuesta a controlar a las mujeres puede parecer extremo; darle la vuelta a la narrativa sobre Eva cambia toda la historia. Sin embargo, esto no es nada nuevo. En 1895,

Elizabeth Cady Stanton, defensora de los derechos de la mujer, publicó *La Biblia de la mujer*. Junto con otros colaboradores, Stanton trató de reinterpretar muchos pasajes de las Escrituras sobre la mujer y su papel. En el prefacio a la segunda parte, Stanton escribió: «Ya hemos fetichizado [sic] bastante la Biblia. Ha llegado el momento de leerla como leemos todos los demás libros, aceptando lo bueno y rechazando lo malo que enseña»[6]. En su comentario sobre Génesis 3, en particular la interacción entre la serpiente y Eva, escribió: «El lector sin prejuicios debe quedar impresionado por el valor, la dignidad y la elevada ambición de la mujer»[7].

DE LOS DERECHOS AL VOTO A LOS SOMBREROS ROSAS

¿Cómo hemos podido pasar de que a las mujeres se les negaran derechos básicos a que se les dijera que imitaran a Eva comiéndose la manzana? Quizá un poco de historia nos ayude. Hubo un tiempo en que a las mujeres de Estados Unidos se les negaba el voto, la educación superior y los derechos de propiedad. Luego llegaron los esfuerzos de las feministas de la primera ola, que defendieron la Decimonovena Enmienda, que les otorgaba a las mujeres el derecho al voto. También hicieron campaña por el derecho a poseer propiedades, ir a la universidad y administrar negocios. ¡Buen trabajo, feministas de la primera ola! Muchas de estas mujeres solo querían los mismos derechos y privilegios de los hombres, manteniendo al mismo tiempo su singularidad como mujeres. La mayoría se oponía al aborto y quería que las familias prosperaran. Sin embargo, a algunas les convencía la idea de que para que las mujeres se consideraran iguales de veras a los hombres, tenían que poder hacer todo lo que los hombres pueden hacer. Estas «feministas igualitarias» se volverían más influyentes en las décadas futuras.

La segunda ola del feminismo empezó a surgir en la década de 1960 junto con la revolución sexual. Esta ola de feminismo se enfocó en asuntos como los «derechos reproductivos» (es decir, el aborto), la igualdad en el lugar de trabajo y la igualdad salarial. Durante esta época, las diferencias entre hombres y mujeres se hicieron más difusas.

En 1963, se publicó *La mística de la feminidad*, de Betty Friedan, que daría forma al feminismo moderno tal y como lo conocemos. El libro de Friedan convenció de manera eficaz a una generación de mujeres de que ser ama de casa era un trabajo tedioso y frustrante. Si se sentían descontentas, era porque los hombres tenían todas las carreras interesantes y ellas estaban atrapadas en casa cambiando pañales, haciendo la comida y limpiando. Lo que antes se consideraba un papel valioso, satisfactorio y estabilizador, ahora se consideraba opresivo. Del mismo modo, ver a los hombres como proveedores se consideraba injusto. Como resultado, muchas mujeres abandonaron sus hogares. Algunas dejaron a sus esposos.

Con el paso del tiempo, esta «opción» de que las madres casadas trabajaran fuera del hogar se convirtió en una necesidad. Volver a ser ama de casa dejaría de ser una posibilidad para muchas mujeres. Luego, a medida que el feminismo se vinculaba cada vez más a las ideas marxistas, la tercera ola del feminismo, que comenzó a principios de los años noventa, empezó a ver la opresión de la mujer como un sistema que había que desmantelar.

Hoy en día, si eres un hombre que ayuda a una mujer a recuperar su maleta de ruedas del compartimento superior de un avión, es posible que te llamen misógino. Si le abres la puerta a una mujer, algunos asumirán que la sociedad te debe haber condicionado para pensar que ella es demasiado débil para hacerlo por sí misma, por lo que eres sexista. En mi opinión, el daño que esto les causa a las mujeres y las jóvenes es significativo, y la devastación que les trae a los hombres y a los jóvenes es incalculable. En su importante libro *La guerra contra los chicos. Cómo un feminismo mal entendido está dañando a los chicos jóvenes*, la filósofa Christina Hoff Sommers señaló: «Nos estamos volviendo en contra de los chicos y olvidando una simple verdad: que la energía, el espíritu competitivo y la acción de los hombres normales y decentes son responsables de mucho de lo bueno del mundo»[8]. En otras palabras, hemos convertido los puntos fuertes de los hombres en víctimas del feminismo moderno, que ha hecho de la masculinidad, en palabras de Hoff Sommers, una «enfermedad social»[9].

Creo que cuando el Sr. Resentimiento apareció en mi hombro, ya había interiorizado algo de este feminismo moderno sin darme cuenta. Les asigné a los hombres los peores motivos posibles y me creí la idea de que las mujeres debían competir en su contra en lugar de apreciar a los hombres por lo que Dios los creó. Estoy muy agradecida de que el Señor arrancara esa raíz venenosa de mi corazón antes de que se convirtiera en algo peor.

Más de veinte años antes de la famosa (o infame, según a quién le preguntes) Marcha de las Mujeres de 2017, salía con un par de amigas cercanas después de un ensayo del equipo de alabanza en Santa Mónica, California. Asistíamos a una iglesia pequeña, una congregación dulce y un poco carismática que les daba la bienvenida a todos, desde personas sin hogar hasta actores prometedores de Hollywood. A mí me invadía un ansia de confesar la podredumbre que se había ido extendiendo en mi alma, y una de mis amigas se ofreció a orar por mí. Pidió que la raíz de esta actitud hacia los hombres fuera arrancada de mi corazón para no volver nunca más. En un raro movimiento sobrenatural, el Señor arrancó esa mala hierba antes de que se convirtiera en algo peor. Nunca regresó. Sé que no todos reciben ese tipo de libertad instantánea, pero el Señor me la concedió y estoy muy agradecida. Seguiría teniendo otras luchas, pero esta dejaría de ser una de ellas.

SOY MUJER, ESCÚCHAME RUGIR

No es sorprendente que la Biblia nos ofrezca una imagen contracultural de lo que es una mujer. Cuando se escribieron los libros del Antiguo Testamento, las protecciones, instrucciones y el valor general que se le dio a la mujer era algo inaudito en esa época. Cuando se escribieron los libros del Nuevo Testamento, fue bastante revolucionario. Por ejemplo, en el Imperio romano del primer siglo, en el que nació y vivió Jesús, las mujeres se consideraban, en general, menos valiosas que los hombres. Desde el punto de vista social, se esperaba que las esposas fueran fieles a sus esposos, pero era perfectamente aceptable que los hombres mantuvieran relaciones sexuales con una amplia variedad de personas, desde prostitutas hasta cortesanas y jóvenes[10].

¿Te imaginas cuán contracultural fue que, en 1 Tesalonicenses 4:3-4 (NVI), el apóstol Pablo les dijera a los *hombres* «que se aparten de la inmoralidad sexual» y «que cada uno aprenda a controlar su propio cuerpo de una manera santa y honrosa»? Lo que la cultura esperaba de las mujeres, Pablo lo aplicaba también a los hombres. En 1 Corintios 7:3-4 fue aún más lejos: «Que el marido cumpla su deber para con su mujer, e igualmente la mujer lo cumpla con el marido. La mujer no tiene autoridad sobre su propio cuerpo, sino el marido. *Y asimismo el marido no tiene autoridad sobre su propio cuerpo, sino la mujer*» (énfasis mío).

Un erudito comentó que, desde el punto de vista cultural, no fue nada especial decir que el esposo tenía autoridad sobre el cuerpo de la esposa, pero «la siguiente declaración de Pablo afirma lo contrario, que "el marido no tiene autoridad sobre su propio cuerpo, sino la mujer", apuntó con claridad a una restricción sin precedentes sobre la libertad sexual de los maridos»[11]. Este es solo un pequeño ejemplo de la actitud del Nuevo Testamento hacia las mujeres, pero retrocedamos un poco más en la historia, a fin de obtener una imagen más amplia de quién *creó* Dios que fuera una mujer.

Génesis 1:26-27 nos dice que tanto el hombre *como* la mujer se crearon a imagen de Dios. Los versículos 28-30 explican que Dios *los* bendijo y *les* ordenó que fueran fructíferos, se multiplicaran y sometieran la tierra. Nótese que Dios les asignó esta bendición y esta tarea a *ambos*. Eran igual en mérito y valía, pero también eran diferentes. Desde sus cuerpos hasta sus papeles, se completaban en todos los sentidos.

Génesis 2 continúa dándonos más detalles sobre el origen de la mujer. Después de crear al primer hombre y a todos los animales, Dios se los presentó a Adán y le pidió que les pusiera nombre. Entonces la Escritura dice: «Mas para Adán no se encontró una ayuda que fuera idónea para él» (versículo 20). Así que Dios creó a la primera mujer. Cuando Adán se despertó y vio esta nueva creación, prorrumpió en el primer poema de la historia del mundo:

Esta es ahora hueso de mis huesos,
y carne de mi carne;
ella será llamada mujer,
porque del hombre fue tomada.
Génesis 2:23

Por supuesto, ¡no dijo nada parecido cuando nombraba a los animales! Ya podemos ver el precioso valor asignado a la mujer desde su creación. Desde el lenguaje utilizado para describir la actividad divina de Dios hasta la respuesta del hombre y el papel de la mujer, la Biblia le atribuye a la mujer un valor único en el mundo antiguo. El erudito del Antiguo Testamento

K. A. Mathews lo expresó así: «Esta descripción completa de la creación de la mujer es única en las cosmogonías del antiguo Cercano Oriente. La elevada estimación que los hebreos tenían de la mujer y de su lugar en la creación no era muy extendida entre las civilizaciones antiguas»[12].

La palabra traducida al español como «ayuda» es la palabra hebrea *ézer*, que se utiliza para describir el papel de Eva en relación con Adán. ¿Qué te viene a la mente cuando piensas en lo que es una «ayuda» de alguien? ¿Un sirviente o un esclavo? ¿Un mayordomo o un criado? Podemos caer en varios conceptos erróneos si no entendemos lo que significaba la palabra en el hebreo original y cómo se utiliza a lo largo de la Biblia. *Ézer* no significa siervo, alguien de menor valor o menor importancia. Es más, se trata de una palabra que Dios utilizó para describirse a sí mismo varias veces a lo largo del Antiguo Testamento. Cuando David oró por la protección de Israel y la ayuda de Dios en su día de angustia en el Salmo 20:1-2, pidió que Dios enviara su *ézer* o su «ayuda». En otro pasaje, el salmista clamó: «A las montañas levanto mis ojos; ¿de dónde ha de venir mi ayuda [*ézer*]? Mi ayuda [*ézer*] proviene del Señor, que hizo el cielo y la tierra» (Salmo 121-1-2, NVI). En Éxodo 18:4, cuando Moisés recordaba cómo Dios lo salvó de la espada del faraón, se refirió a Dios como «mi ayuda» (de *ézer*). El Dr. Mathews escribió: «No hay ningún sentido derivado lingüísticamente de la palabra ni del contexto de la narrativa del huerto que la mujer sea una persona inferior debido a que su papel es diferente [...]. En el caso del modelo bíblico, la "ayuda" es un "compañero" indispensable [...] necesario para lograr el encargo divino [...]. Lo que le falta al hombre, la mujer lo logra»[13].

Desde el punto de vista bíblico, las mujeres se crearon para desempeñar un papel que es inherentemente digno, hermoso e igual de importante que el propósito para el que se diseñaron los hombres. Ah, pero entonces tenemos la Caída. Lo que fue creado bueno se estropeó y distorsionó. Por lo tanto, Dios maldijo al hombre, a la mujer y a la tierra. A partir de esta rebelión contra Dios y las maldiciones resultantes, empezamos a ver todo tipo de maldad humana. Tenemos la misoginia y el maltrato de las mujeres. Del mismo modo, vemos las correcciones excesivas del feminismo moderno y las visitas del Sr. Resentimiento (así como cualquier otro tipo de maldad). Sin embargo, la cuestión es que todo esto es el resultado de la Caída: no son las cosas como se crearon originalmente.

Sé que parece un panorama bastante sombrío. Y así es. A veces pienso que los seres humanos tendemos a restarle importancia a nuestra propia pecaminosidad, sin darnos cuenta de hasta qué punto nuestro pecado es una afrenta a un Dios santo. Estas distorsiones, de lo que Dios nos creó para ser parte de nuestro mundo caído. Sin embargo, como cristianos, somos parte del Reino de Dios. Jesús es nuestro rey y soberano. Cuando nos convertimos en cristianos, nos sometemos a sus reglas... a su reino... a sus caminos. No siempre lo hacemos a la perfección, pero (¿recuerdas la parte acerca de la santificación?) Él nos da poder por el Espíritu Santo y nos da su Palabra para ayudarnos a renovar nuestras mentes de día en día. Esto significa que nuestros pecados pasados no nos definen, y que nuestro verdadero poder no proviene de lo que nos gusta o no nos gusta, de nuestro origen étnico ni de nuestro género.

NUESTRA VERDADERA FUENTE DE PODER

La Escritura nos dice que el Espíritu Santo...

Mora en nosotros	Juan 14:17
Nos consuela	Juan 14:26
Intercede por nosotros	Romanos 8:26-27
Nos capacita para «rebosar de esperanza»	Romanos 15:13, NVI
Permite que comprendamos y «conozcamos lo que Dios nos ha dado gratuitamente»	1 Corintios 2:12-13
Une a los creyentes en el cuerpo de Cristo	1 Corintios 12:12-13
Nos ofrece comunión	2 Corintios 13:14
Se opone a los deseos pecaminosos y nos conduce a la justicia	Gálatas 5:16-18
Nos sella	Efesios 1:13; 4:30
Nos da gozo en tiempos difíciles	1 Tesalonicenses 1:6
Nos regenera y renueva	Tito 3:5

¡Romanos 8:11 me dice que el mismo Espíritu que levantó a Cristo de entre los muertos mora en mí! Como mujer, como mujer cristiana en específico, encuentro mucho consuelo cuando descanso en el conocimiento de que el Espíritu Santo está dentro de mí, dándome verdadera fuerza, no la «fuerza» barata del mundo de tener que estar luchando siempre con los hombres para la mejor patada voladora o una carrera influyente. Cuando reorientamos nuestra mente en torno a la visión bíblica del poder, nos encontramos trabajando en armonía unos con otros, no en competencia. Con mucho gusto cambiaría al Sr. Resentimiento por todo eso. La verdadera fuerza no es el «poder de las chicas». La manera de edificar a las chicas es ayudarlas a aceptar y celebrar el papel y los rasgos específicos que Dios les imprimió a las mujeres, que son hermosas, valiosas y preciosas para Él.

A veces, esas mujeres se encuentran en los lugares menos esperados. Sin embargo, cuando Cristo se convierte en el centro de nuestras vidas, todo es posible.

13

MARCHA DE LA MUERTE

Vive la verdad

La mayoría de nosotros no tendrá que morir
por su fe, aunque podría llegar a ser así,
incluso para quienes viven en Occidente.
Sin embargo, todos nos enfrentaremos a
momentos en los que tendremos que elegir
entre Cristo y otra cosa que compita por
nuestra lealtad definitiva.

Gerald Sittser, *Water from a Deep Well*
[Agua de un pozo profundo]

Hace algunos años, tuve la rara oportunidad de visitar una prisión de mujeres en América Latina durante un viaje misionero. Por lo general, los administradores no permitían que grupos, en especial de Estados Unidos, visitaran las instalaciones ni hablaran con las mujeres. Sin embargo, debido a que una misionera local a la que llamaré María, había entablado relaciones y se había ganado la confianza de los funcionarios de la prisión, nos permitieron a mí y a otras personas de nuestra organización entrar y visitar a las presas. Tengo entendido que fuimos uno de los únicos grupos a los que le permitieron entrar.

El día de nuestra visita, nuestra camioneta se detuvo en el camino de tierra y se estacionó frente a un portón de madera polvoriento que conectaba muros de ladrillo rematados con alambre de púas. Salimos del vehículo y pasamos junto a una larga fila de visitantes que esperaban para entrar. La fila se extendía a lo largo del muro lateral y rodeaba la parte trasera. Me di cuenta de que muchos de los visitantes llevaban bolsas de plástico llenas de todo tipo de artículos, desde pan y naranjas hasta ropa interior y productos de higiene femenina. Me pareció extraño que casi todas las personas con las que nos cruzábamos fueran hombres, pero no le di mucha importancia mientras me dirigía al mostrador de registro, donde me estamparon en el antebrazo un símbolo alargado cubierto de palabras en español. Esta marca rectangular de color azul intenso era mi billete para salir por la puerta principal al terminar la visita. Aunque no era más que tinta sobre mi piel, el peso de su significado me oprimía el corazón.

Pasamos por delante de varios edificios en ruinas de camino al patio de tierra situado en el centro del recinto. Cuando entramos en un pasillo mohoso que conectaba la zona exterior con la sala de reuniones general y las celdas, María empezó a explicarnos cómo funcionaban las cosas en las cárceles de este país en particular: «A muchas de estas mujeres las acusaron falsamente o las inculparon por tráfico de drogas. La mayoría son de este país, pero también hay algunas mujeres de los Estados Unidos y del Reino Unido».

Me quedé pasmada mientras describía la corrupción de la policía y los tribunales. Nos contaron que una de las presas era una estadounidense que vino de vacaciones y conoció a un hombre con el que tuvo una aventura romántica. Mientras dormía, él le llenó la maleta con drogas y, al llegar al aeropuerto, la acusaron de narcotráfico. Tardaron dos años en celebrar un juicio, el cual terminó siendo solo una condena. Recibió ocho años. Otra mujer era una reportera de Irlanda que experimentó una situación similar. Una presa solo estaba sentada en un banco en el momento y lugar equivocados. Detenida por comportamiento sospechoso, llevaba años en prisión y no se había fijado fecha para el juicio. Otra mujer era culpable de tráfico de drogas tras intentar ganar un dinero extra cuando se encontraba en una situación desesperada. No había tenido un juicio justo.

Un dolor intenso por estas injusticias surgió en mí y le pregunté a María: «¿Cómo pueden estar aquí sin juicio, cargos adecuados o representación legal?». Lo que comenzó como un peso en mi corazón se convirtió en un dolor enfermizo en mi pecho que se hundió como una piedra en mis entrañas. Estas mujeres estaban atrapadas aquí. En cambio, eso no fue lo peor.

Yo había trabajado en prisiones en Estados Unidos, así que mi idea de cómo es una cárcel se basaba en esas experiencias (y, para ser sincera, es probable que también lo fuera de programas de televisión y películas), pero esta cárcel era distinta de manera radical de lo que había visto. En este país en particular, estar en prisión solo significaba que estabas encerrada detrás de una reja. No puedes salir. *No* significa que tengas derecho a comida, agua, ropa, artículos de aseo, cama ni ninguna otra cosa que puedas necesitar durante tu estancia. Si quieres dormir dentro de un cuarto, tienes que pagar alquiler. Si quieres dormir en un colchón, debes proporcionarte uno. Si quieres comida, te obligan a comprarla. Si tienes hijos, podrán quedarse contigo hasta que cumplan ocho años, cuando deberán marcharse.

María explicó que muchas de las mujeres tenían que recurrir a la prostitución para satisfacer sus necesidades más básicas. Eso explicaba la larga fila de hombres que esperaban para «visitar» a las mujeres que intercambiaban sexo por comida, artículos de aseo, pañales, comida para bebés y ropa. «La prisión de hombres es mucho peor», nos reveló con discreción.

María las conocía a todas. Llevaba años visitando la prisión para ayudar a las mujeres a crear empresas para no tener que prostituirse. Hacían tarjetas de felicitación, que María vendía en las iglesias y otros lugares. También les hablaba del evangelio y del amor de Jesús a todas. Pasamos junto a unas cuantas mujeres con rostros ajados y amarillentos marcados con una dureza que reflejaba su realidad. María las saludó, las abrazó y las animó en nuestro camino hacia el espacio principal de reunión, donde nos recibió una docena de mujeres sonrientes. El afecto, el gozo profundo y la paz que desprendían eran sorprendentemente diferentes a lo que acabábamos de ver en el pasillo. Le pregunté a María quiénes eran esas mujeres tan alegres. Me dijo: «Estas son las cristianas». La diferencia era notable. Aquí, en lo que sólo podría describirse como un pozo sucio y desolado de tierra, ladrillo, acero y desesperación, estas mujeres disfrutaban de un verdadero gozo.

Después de orar con el pequeño grupo de cristianas y guiarlas en adoración por una hora más o menos, nos llevaron por otro pasillo a una de las celdas. Era de hormigón sólido de arriba abajo, con mujeres hacinadas en pequeñas habitaciones, donde sus literas de madera estaban apiladas unas encima de otras y pegadas a las paredes. Algunas de las reclusas tenían fotografías y baratijas expuestas en los diminutos espacios que podían llamar suyos. Algunas tenían colchones; otras dormían en el suelo.

Después de recorrer los dormitorios, nos llevaron por unas escaleras de cemento hasta una improvisada cocina común. Una de las reclusas sonrió con alegría y se dirigió hacia mí, indicándome que me sentara a la desvencijada mesa de madera cubierta con un mantel de plástico. No recordaba haberla visto en la reunión, y ahora era obvio que se había quedado atrás para preparar el almuerzo para nuestro grupo. Me puso delante un pequeño plato de fideos cubiertos de una salsa marrón. Mientras lo miraba, me invadió la emoción. Me pregunté qué debió haber sacrificado para servirle una comida a un grupo de extraños. Dudé en comerlo porque sabía lo que podría haberle costado. Levanté la vista y miré su rostro, que irradiaba afecto y paz. En un lugar como este, donde cada mujer tenía que pelear, luchar y Dios sabe qué más solo para cubrir sus necesidades básicas, ella quería servir. Puso a los demás en primer lugar. Sospecho que su recompensa es mayor de lo que puedo imaginar, tanto en esta vida como en la venidera. En los días cuando me movía en los círculos de la música cristiana contemporánea, cené en algunos restaurantes absurdamente lujosos. Pero esta, con diferencia, ha sido la comida más significativa y valiosa que jamás me han puesto delante, y me comí cada bocado.

LA CULTURA CONVERTIDA EN SECTA

Hubo un tiempo en que los cristianos tenían una reputación terrible. En los dos primeros siglos después de la vida de Jesús en la tierra, corría el rumor de que comían carne y bebían sangre. Esto llevó a algunos a pensar que eran caníbales. Debido a todo eso de saludarse «los unos a los otros con un beso santo» (Romanos 16:16), otros pensaron que eran parte de una secta sexual secreta. Los cristianos se negaban a reconocer el panteón de dioses culturales, por lo que otros pensaban: «¡Son una partida de ateos!». Al parecer no había fin para las tantas maneras en las que se marginaban a los cristianos en el mundo grecorromano. A veces los perseguían con agresividad, los arrojaban a los leones y los usaban como antorchas humanas para iluminar los jardines del emperador. En otras ocasiones, solo los consideraban groseros por negarse a inclinarse ante el dios del hogar cuando los invitaban a casas de amigos. ¿Te imaginas la presión? Es decir, solo hacer una pequeña reverencia... ¿qué tiene de malo, verdad? Los verdaderos cristianos no podían hacerlo, y esto creaba conflictos con las normas sociales. Sin embargo, los cristianos siempre han sido contraculturales. Y como le digo a mi hija: «Planta tus pies en la Palabra de Dios, pues la cultura siempre está cambiando. La cultura se convertirá en una secta».

Ese es el objetivo de todo este libro, ¿no es cierto? Hemos explorado las mentiras culturales centradas en el yo que no solo conducen a la ansiedad, la obsesión por uno mismo y el agotamiento, sino que también contradicen la manera en que Dios nos instruye a vivir según las Escrituras. Sin embargo, ¿cómo lo logramos en una cultura que cambia y se aleja cada día más de la verdad?

Quiero dejarte tres consejos prácticos para vivir la verdad del evangelio en una cultura en desacuerdo con el cristianismo. Las mujeres que conocí en la prisión latinoamericana fueron un ejemplo de esta perspectiva y, con la ayuda de Dios, nosotros también podemos hacerlo.

1. **Conoce la verdad.** «Paul murió», me dijo mi papá. Miré la portada del disco *Abbey Road* de los Beatles que estaba encima del escritorio que mi padre usaba en su oficina reformada en el garaje. En realidad, era más bien un estudio de grabación, con discos de vinilo alineados sobre estanterías repletas de cintas magnéticas, revistas musicales, casetes y libros eclécticos.

Mientras miraba la foto de la portada, que mostraba a los cuatro músicos caminando en fila india a través de un paso de peatones en Londres, mi padre señaló al hombre que sostenía un cigarrillo. «¿Ves cómo Paul está descalzo? Por eso la gente piensa que está muerto... como si fuera una señal», explicó.

Yo tenía unos diez años y él me estaba dando un curso intensivo sobre la madre de todas las teorías de la conspiración, que postulaba que el querido Beatle Paul McCartney murió en 1966 y lo habían sustituido por un doble.

«¿Qué?», le pregunté sorprendida por lo que me parecía una tontería. ¿No sabrían las personas más cercanas a él que el doble era falso? ¡Era imposible que se salieran con la suya! Pensé en su familia más cercana. De seguro que si hubiera un McCartney impostor, *ellos* lo sabrían y querrían dejar las cosas claras. Se podría engañar a algunas personas que no estuvieran familiarizadas con el aspecto, los gestos, la voz y el lenguaje corporal de Paul McCartney. Sin embargo, nunca engañarías a sus familiares y amigos más cercanos. Esto se debe a que conocen al auténtico y reconocerían una falsificación a la legua.

Del mismo modo, es absolutamente vital que nosotros nos familiaricemos con el verdadero cristianismo. Estudiar la historia de la Iglesia, la apologética, la teología y la Biblia es una forma poderosa de protegernos de las muchas versiones falsas del cristianismo que encontraremos de manera inevitable. Saber lo que es el verdadero cristianismo significa conocer al verdadero Jesús. ¿Cómo lo hacemos? Tenemos cuatro fuentes independientes sobre la vida de Jesús en los Evangelios de Mateo, Marcos, Lucas y Juan. En el estudio de la historia, los hechos para los que existen varios testimonios distintos se consideran más fiables. Estos cuatro libros nos dicen todo lo que necesitamos saber sobre Jesús.

Nuestra cultura a menudo intenta transmitir mensajes falsos sobre lo que significa vivir una buena vida. Me acordé de esto cuando una amiga y yo decidimos leer juntas un libro sobre cómo vivir con libertad aceptando nuestro verdadero yo interior. Era un superventas escrito por un cristiano confeso, y el autor tenía mucho que decir sobre la persona de Jesús. El libro comunica que, en Jesús, todos tenemos lugar. Describe a Dios como un padre «obsesionado hasta la locura que nunca dejará de hablar de nosotros»[1]. Un día, mientras mi amiga y yo paseábamos por un parque, me comentó: «Sabes, estoy leyendo este libro y los Evangelios simultáneamente. Es impresionante lo diferente que los Evangelios describen a Jesús en comparación con la forma en que lo hace el libro. Es como si estuviera leyendo sobre dos personas diferentes por completo». En cuanto dijo eso tuve una epifanía. Cuando nos sumergimos en lo verdadero, no nos dejaremos engañar por un impostor. Detectaremos la versión falsa en un instante.

Como cristianos, debemos permitir que nuestra percepción de Jesús se base en las Escrituras y no en experiencias emocionales, encuentros místicos y sueños. Por supuesto, hay un lugar apropiado para la emoción cuando se trata de nuestra relación con Jesús. Yo me emociono mucho cuando canto alabanzas a Dios y alabo su nombre. Aun así, no debemos permitir que nuestros sentimientos y emociones subjetivas dirijan nuestra vida espiritual. Nuestras emociones deben responder a la verdad de quién es Dios, no definir lo que pensamos que es Él. Cuando conocemos la realidad, nuestras emociones pueden caer en el lugar de respuesta que les corresponde. Cuando nos desligamos de la verdad, quedamos a merced de nuestras cambiantes emociones, estados de ánimo, percepciones y preferencias.

2. **Debes estar dispuesto a sufrir en las cosas pequeñas.** Vibia Perpetua era una mujer de la nobleza de veintidós años, bien educada, que también era esposa, madre lactante y nueva cristiana. Vivió a principios del siglo III en la ciudad norteafricana de Cartago, que contaba con una próspera comunidad cristiana y era la ciudad del norte de África más importante en el Imperio romano. Después que el emperador Septimio Severo promulgara un edicto que ilegalizaba la conversión al cristianismo o al judaísmo, a Perpetua la arrestaron junto con otros cristianos.

Conocemos su historia debido a que su diario es un raro ejemplo de texto existente escrito por una mujer en la antigüedad. Tras su martirio, su historia la completó un contemporáneo, tal vez el padre de la Iglesia Tertuliano, que por ese entonces vivía en Cartago.

A pocos días de la ejecución, su padre le rogó que se salvara por el bien de su pequeño hijo. Perpetua respondió señalando un pequeño jarro y preguntándole si veía el jarro o si veía otra cosa. Estuvo de acuerdo en que veía un jarro. Entonces le dijo que no podía llamar a ese jarro por algo que no era, y que no se podía llamar a ella de otra manera que no fuera lo que era: una cristiana. Algo en mí surge con gozo de que Perpetua se negara a redefinir las palabras. Todo lo que tenía que hacer era redefinir la palabra *cristiana*. ¡Hubiera sido tan fácil! Podría haber dicho algo así como: «Bueno, la palabra *cristiano* viene con un montón de carga, así que me complacerá llamarme algo diferente». Podría haberse librado con un pequeño engaño lingüístico, pero se negó. Qué bueno sería que todos siguiéramos su ejemplo.

Mientras estos primeros cristianos esperaban su destino, los echaron en una mazmorra que Perpetua describió como sombría y angustiosa. «Tenía mucho miedo porque nunca había sentido tanta oscuridad», escribió. Su padre seguía suplicándole, insistiendo en lo mucho que su muerte afligiría a su madre y a sus hermanos, y sobre todo a su hijo, que tal vez no sobreviviera si ella moría. Su determinación se mantuvo sin cambios. Trató de consolar a su padre con estas palabras: «En ese patíbulo sucederá lo que Dios quiera. Porque sepan que no estamos puestos en nuestro propio poder, sino en el de Dios». Cuando la llevaron ante el gobierno local junto con los demás para interrogarlos, tuvo una última oportunidad para retractarse y salvar la vida. Cuando llegó su turno, su padre apareció de repente con su hijo en brazos, implorándole que se apiadara de él. El procónsul intentó persuadirla de que perdonara a su padre, a su bebé y a ella misma respondiendo una simple pregunta con un no. Entonces le preguntó: «¿Eres cristiana?». Ella respondió: «Soy cristiana»[2]. Perpetua cuenta que sintió una pena horrible cuando el procónsul ordenó que golpearan a su padre. Al final, a Perpetua y sus compañeros los condujeron al anfiteatro. Tras sobrevivir a los ataques de las fieras, murió atravesada por la espada de un gladiador. Considero que la historia de Perpetua es uno de los relatos más inspiradores del martirio cristiano de la historia.

Como es obvio, en los Estados Unidos de hoy no hay ninguna posibilidad de que nos cornee un toro en una arena de gladiadores a causa de nuestra fe. Entonces, ¿por qué utilizo un ejemplo tan extremo? ¿Qué tiene que ver «vive tu verdad» con la persecución en el siglo III? La realidad es que la mayoría de los cristianos de la civilización occidental no experimentarán este nivel de persecución. Para casi todos nosotros hoy en día, la oposición a nuestras creencias implicará recibir un comentario cruel en Facebook, no recibir una invitación a esa fiesta o que nos llamen «intolerantes», «fanáticos» o «cerrados de mente». Algunos lo experimentarán a un nivel un poco más profundo al verse excluidos de oportunidades, sentirse condenados al ostracismo en su trabajo o incluso perder su medio de vida. Sin embargo, es muy importante que nos demos cuenta de que, sin importar el nivel de persecución que un cristiano tenga que soportar, tenemos el llamado a ser fieles y estar siempre preparados. Se nos ordena morir a nosotros mismos, tomar nuestras cruces y seguir a Jesús. Incluso en la cultura más próspera y «tolerante», nos sentiremos incómodos y necesitaremos depender de Jesús cada día.

Practica la fidelidad ahora, cristiano, y da por hecho que sufrirás en las cosas pequeñas. Viene con el paquete. Tal vez hayas estado ocultando tu fe en las redes sociales por temor a las críticas. Quizá seas profesor en una escuela donde te presionen para que coloques una determinada pegatina en tu puerta que indique que apoyas la nueva ética sexual cultural. A lo mejor tengas miedo de hablarles del evangelio a tus amigos no creyentes por las suposiciones que puedan crearse sobre ti. Es muy tentador hacer pequeñas concesiones aquí y allá. Al igual que los primeros cristianos que sintieron la presión cultural de inclinarse ante el dios del lugar, debemos resistir las pequeñas concesiones si queremos ser lo bastante fuertes para resistir las grandes si llegan alguna vez. Debemos ser fieles en las cosas que parecen insignificantes si esperamos ser fieles cuando nuestra vida esté en juego.

En su comentario acerca del martirio cristiano, Gerald L. Sittser escribió con sabiduría:

La mayoría de nosotros no tendrá que morir por su fe, aunque podría llegar a ser así, incluso para los que viven en Occidente. No obstante, todos nos enfrentaremos a momentos en los que tendremos que elegir entre Cristo y alguna otra cosa que compita por nuestra lealtad absoluta. Los primeros mártires, Perpetua, Policarpo y muchos otros, no eligieron en sí el martirio, al menos no de forma directa [...]. Eligieron ser fieles a Cristo; el martirio solo fue el resultado[3].

3. **Comprométete con la verdad pase lo que pase.** Cuando te conviertes en seguidor de Jesús, comienzas a oler. ¿Lo sabías? El apóstol Pablo escribe que cuando él y sus compañeros creyentes predicaban el evangelio, Dios los hacía «salir triunfantes», y por medio de ellos manifestaba «el olor de su conocimiento [de Cristo]» (2 Corintios 2:14, RVR60). En la época de Pablo, los guerreros del Imperio romano marchaban en procesión triunfal después de un tiempo de guerra para indicar su victoria. Quemaban incienso a los dioses y los soldados vencedores desfilaban por las calles entre los vítores de la multitud. Para ellos, el incienso se asociaba con la celebración y la alegría. Para los prisioneros de guerra derrotados, en cambio, el olor del incienso desencadenaba intensos sentimientos de temor por su sombrío futuro, que sería la esclavitud o la muerte. El mismo olor, dos reacciones distintas de manera radical.

Cuando Pablo dijo que «para Dios somos grato olor de Cristo en los que se salvan, y en los que se pierden» (versículo 15, RVR60), se parecía mucho a esa procesión romana. Para algunos, olía a vida, y para otros, olía a muerte. No había término medio. El evangelio es así, ¿verdad? Es radicalmente contracultural.

Considera la forma en que Jesús invitaba a las personas a seguirle. En lugar de persuadirlas con música suave y apelaciones emocionales, ¡a menudo parecía que los trataba de convencer de no hacerlo! Por ejemplo, ¿recuerdas al joven rico del que hablamos en el capítulo 11? Le preguntó a Jesús qué tenía que hacer para heredar la vida eterna. Jesús no le dijo: «Inclina la cabeza, cierra los ojos y pídeme que entre a tu corazón». No. Además de decirle que guardara la ley, le dijo que vendiera todo lo que tenía. Después de asombrar a una gran multitud al alimentar a los cinco mil, les dijo que tendrían que comer de su carne y beber de su sangre (Juan 6:53-55). La Biblia nos dice que mucha gente estaba tan confundida por esa declaración que se alejaron de Él (versículo 66). Desde luego, Jesús nunca se contuvo a la hora de decirle la verdad a la gente. En Juan 4, leemos cómo Cristo le ofreció agua viva a la mujer del pozo y luego le señaló que había tenido cinco maridos y que ahora vivía con un hombre que no era su marido. Jesús les dijo a sus discípulos que si querían seguirle debían negarse a sí mismos y tomar su cruz (Mateo 16:24). No le preocupaba precisamente que su mensaje fuera atractivo para los buscadores.

En su libro, *Awake and Alive to Truth: Finding Truth in the Chaos of a Relativistic World* [Despierto y vivo a la verdad: Cómo encontrar la verdad en un mundo relativista en caos], John Cooper dice: «En Estados Unidos, tendemos a rogarle a la gente que siga a Cristo. Incluso se lo ponemos lo más fácil posible. No ofendemos y, de seguro, ¡no decimos toda la verdad no sea que la gente no quiera seguirlo! Jesús no era tan tímido»[4]. Jesús no se andaba con rodeos. Siempre dijo *la* verdad y no intentaba suavizar el golpe. Jesús sabía que convertirse en cristiano a menudo complicaría la vida y a veces traería consigo un tipo único de prueba. Es más, si examinamos algunas de las promesas que Jesús nos hizo como sus seguidores, son bastante solemnes y negativas.

Prometió que en este mundo tendríamos tribulación (Juan 16:33). Prometió persecución (Juan 15:20). Prometió que el mundo nos odiaría (Mateo 10:22). Sin embargo, debido a que el conocimiento de Cristo es un aroma tan fragante para nosotros, soportamos las dificultades porque recordamos todas las *otras* cosas que Jesús prometió. Nos aseguró que quien lo siga no andará en tinieblas, sino que tendrá la luz de la vida (Juan 8:12). Prometió que el Espíritu Santo sería nuestro Consolador (Juan 14:26). Prometió que en Él tendríamos paz y podremos confiar porque Él ha vencido al mundo (Juan 16:33). Prometió que en Él tendremos descanso para nuestras almas (Mateo 11:29). Prometió que nunca moriremos, sino que tendremos vida eterna (Juan 3:16). Prometió que un día la muerte no existirá más y que todas nuestras lágrimas se enjugarán para siempre (Apocalipsis 21:4). Por eso «el olor del conocimiento de Cristo» es tan dulce para los que se salvan. Sabemos, como lo expresó el apóstol Pablo en 2 Corintios 4:17: «Esta aflicción leve y pasajera nos produce un eterno peso de gloria que sobrepasa toda comparación».

Los cristianos deben seguir comprometidos a hablar y vivir *la* verdad, pues como ya establecimos, «tu verdad» no existe. Debemos esparcir la fragancia del conocimiento de Cristo por todas partes, sabiendo que para muchas personas les va a oler mal. No obstante, para los que se salvan, olerá a esperanza, vida y paz.

LA ANTIGUA Y ÁSPERA CRUZ

En un mundo que vende mensajes como «eres suficiente», «eres perfecto tal y como eres» y «sigue a tu corazón», la idea de que «eres pecador y necesitas un salvador» puede parecer la marcha de la muerte. Y es que, en muchos sentidos, *lo es*.

Cuando era adolescente, mis padres me regalaron en Navidad una cadenita con una cruz de oro. Quería tener una desde que vi a Dana Scully usar una en la serie de televisión *Expediente*

X. La usaba constantemente, siempre consciente del rayito de luz que desprendía cuando el sol le daba de lleno. Me encantaba esa cruz. Fue la primera pieza de joyería fina que tuve. La atesoré más porque era un regalo sentimental y también porque era delicada, y nunca he sido una que me gusten las piezas grandes. Además, era de oro de 24 quilates, lo cual era muy importante. Más allá de eso, la atesoré porque simbolizaba mi profunda creencia de que Jesús murió por mí en la cruz. La cadena me recordaba la sangre que Él derramó para salvarme y limpiarme de mis pecados.

«Si alguno quiere venir en pos de mí, niéguese a sí mismo, tome su cruz cada día y sígame», les dijo Jesús a sus discípulos en Lucas 9:23. A menudo reflexiono sobre este pasaje de las Escrituras. Pienso en mi brillante cadena y en el destello de victoria que representaba. Por supuesto, los creyentes del primer siglo no lo habrían visto así. La cruz era un instrumento de muerte... y no cualquier instrumento. La cruz era, con mucho, la forma más atroz de morir. Es más, la palabra en inglés para «atroz» viene del latín *excruciātus,* que significa atormentar o torturar. Sin embargo, no solo era la forma físicamente más dolorosa de morir; también era la más humillante. La crucifixión estaba reservada a traidores, esclavos y enemigos del Estado. Cuando los ciudadanos romanos recibían una sentencia de muerte, se les aplicaba una ejecución rápida y digna: la decapitación. Para los seguidores de Cristo del primer siglo, tomar su cruz era un acto simbólico en profundidad, pero también podía convertirse en una realidad física de manera literal.

Hace poco hablé en una conferencia de mujeres celebrada en una iglesia. A la mañana siguiente, el pastor me entrevistó durante una sesión de preguntas y respuestas en los servicios del domingo. Me preguntó: «Alisa, ¿qué te viene a la mente cuando piensas en la cruz?». La pregunta me tomó por sorpresa porque, en este tipo de entornos, la gente hace preguntas muy diversas sobre todo tipo de temas, desde la fiabilidad bíblica hasta las pruebas científicas de Dios o los falsos evangelios. Estaba preparado para una emocionante pregunta intelectual, pero en lugar de eso, me hizo una pregunta muy personal sobre la cruz. ¿Sabes de qué me di cuenta en ese momento? La cruz es la respuesta a cada mentira que me dice que puedo encontrar todo lo que necesito dentro de mí.

Ninguna de las mentiras de las que hemos hablado en este libro puede existir en el mismo espacio que la cruz. Si quieres bastarte a ti mismo, no puedes tener la cruz. Es el irritante que agrava nuestro sentido de autosuficiencia, y es el remedio que cura el defecto que crea la autosuficiencia. Es locura a los que se pierden (lee 1 Corintios 1:18, RVR60). En nuestro orgullo, queremos colocarnos en el trono de nuestras propias vidas, insistiendo en que nuestro camino es mejor. Sin embargo, como escribiera A. W. Tozer: «En el corazón de cada cristiano hay una cruz y un trono, y el cristiano está en el trono hasta que se pone a sí mismo en la cruz»[5]. La cruz nunca será un instrumento de descanso hasta que se convierta en un instrumento de muerte. Entonces, cuando el pastor me preguntó en qué pienso cuando considero la cruz, recordé una vieja canción que escribí:

Llévame al lugar donde mi alma pueda descansar,
Guíame a la tierra donde el Verbo se hizo carne,
Muéstrame el madero donde su sangre se secó
Y me sentaré bajo su sombra hasta que pase la tormenta.

Oh, madero ensangrentado,
Donde Él murió por mí,
Estoy a salvo bajo su sombra y ahí me quedaré
Hasta que pase la tormenta.

La cruz no solo es un símbolo de salvación. Es un lugar de descanso. Es la respuesta al cansancio y la ansiedad de tratar de hacerlo todo por uno mismo. Seamos sinceros. Todas las mentiras de las que hablamos en este libro nos llevan a colocarnos en el trono. Queremos ser nuestro propio dios. Sentimientos como «Vive tu verdad», «Eres suficiente» y «Eres tu propio jefe» parecen buenos, pero solo conducen a nuestra propia adoración. Lector, si tú y yo penetráramos hasta lo más profundo de nuestro corazón, ¿sabes lo que encontraremos cada vez que lo hagamos? Un pecador que necesita un Salvador.

Todos tenemos una opción. Podemos adorarnos a nosotros mismos o negarnos a nosotros mismos. Podemos elegir seguir a nuestro corazón o podemos elegir seguir a Cristo. Como les dijo el profeta Elías a los israelitas cuando tenían dudas sobre a quién debían adorar: «¿Hasta cuándo vacilaréis entre dos opiniones? Si el Señor es Dios, seguidle; y si Baal, seguidle a él» (1 Reyes 18:21). Pudiéramos decirlo así hoy: Si el Señor es Dios, ¡síganlo!; pero si es el yo, síguete a ti mismo.

Seguir a Cristo en un mundo que dice que te pongas tú primero es un camino difícil. Huele a muerte para los que se pierden. Sin embargo, para los que se salvan, es vida, esperanza y paz. Cristiano, tu verdad no existe. Tu verdad no traerá esperanza ni salvará a nadie. Debes hablar y vivir *la* verdad, sin importar el costo. ¿Tu recompensa? Como dijo Jesús en Juan 8:32: «La verdad os hará libres».

La verdad es una persona, y *Él* es tu recompensa.

RECONOCIMIENTOS

Me gustaría darles las gracias a mi familia y amigos cercanos por animarme, desafiarme y apoyarme siempre. Todos ustedes saben quiénes son.

Mi más profundo agradecimiento a todos los que me sirvieron de caja de resonancia, me ofrecieron ayuda y me dieron su opinión o su aliento general a lo largo de este proceso: Frank Turek, J. Warner Wallace, Greg Koukl, Diane Woerner, David Wolcott, Craig y Médine Keener, Natasha Crain, Krista Bontrager, Monique Duson y Teasi Cannon.

¡Un agradecimiento especial a Greg Byrd, Peggy Dangerfield, Amanda Newquist, John Galloway, Lauren Stephenson, Rachel Riley, Debra Goldstone, Nikki Treadway, Jaime Murphy, Bethany Weir, Melissa Griffin, Trent Jessup, Douglas Smith, Kimberly Joyce, Femi Fenojo, Mimi Kroeber, Todd McCallister, David Wood, Shannon Coleman, Michael y Christine Yager, Eryn Eubanks, Sally Brown, Brandi O'Neal, Janet Denton, Aubrey Gingerich, Austin Dams, Phil y Beth Stoner, Lisa Gravely, Natalie Marshall, Mark Whittle, Greg E. Potoski, Steve Wille, Julie Gandia, Michael Peasall, Kirk y Janet Linahan, Tanya Reilly, Stephen Panayiotou, Darren Tyler, Brian Jones, Chad Walworth, Caroline Rees, Maddisen Coleman, Heather Aneja, Ryan Smoke, Brandon y Carmen Standley, Mary Sutton, Kelsea Nemcek, Heidi Holm, y Olivia Franks por su apoyo y oraciones!

Ron Beers, y a todos en Tyndale, gracias una vez más por creer en el mensaje que Dios me llamó a escribir. Jon Farraer, gracias por abogar por este libro, y por su apoyo y edición. Kim Miller, gracias por ser tan constante para asegurarte de que todo lo que escribo sea preciso, esté bien articulado y sea coherente. Kara Leonino, gracias por tu ayuda al guiar este libro a lo largo del proceso de publicación. Eva Winters y Dean Renninger, estoy agradecido por el arte que aportaron al diseño del libro. Cassidy Gage y Katie Dodillet, les agradezco la creatividad con la que dieron a conocer la publicación de este libro.

Y unas palabras de gratitud a mi agente, Bill Jensen: tu orientación espiritual y práctica fue un pilar en todo el proceso, y estoy muy agradecida por tu liderazgo y amistad.

NOTAS

CAPÍTULO 1: AVIONES

1. A. W. Tozer, *Intenso. La vida crucificada: el camino hacia una experiencia profunda*, Editorial Peniel, Buenos Aires, Argentina, 2014, pp. 22-23.
2. Mental Health America, «The State of Mental Health in America», https://www.mhanational.org/issues/state-mental-health-america; National Institute of Mental Health, «Prevalence of Any Anxiety Disorder among Adolescents», https://www.nimh.nih.gov/health/statistics/any-anxiety-disorder#part_2578.
3. Para conocer antecedentes sobre la veracidad de las Escrituras, consulta el capítulo 7 de mi libro *Another Gospel?* [*¿Otro Evangelio?*].

CAPÍTULO 2: PANTALONES

1. Dorothy Sayers, *Letters to a Diminished Church: Passionate Arguments for the Relevance of Christian Doctrine*, W Publishing Group, Nashville, 2004, p. 98.
2. Hillary Morgan Ferrer, editora general, *Mama Bear Apologetics: Empowering Your Kids to Challenge Cultural Lies*, Harvest House, Eugene, OR, 2019, p. 63; cursivas en el original.
3. Ferrer, *Mama Bear Apologetics*, pp. 65–69.
4. «Pregunta 1. ¿Cuál es el propósito principal del hombre?», *El Catecismo Menor de Westminster con pruebas escriturales*, Editorial Credo Press, 2021.

CAPÍTULO 3: DUENDES

1. Helen Pluckrose y James A. Lindsay, *Teorías cínicas: Cómo el activismo del mundo académico hizo que todo girara en torno a la raza,*

el género y la identidad... y por qué esto nos perjudica a todos, Alianza Editorial, Madrid, España, 2023, p. 40 (del original en inglés).

2. Center for Action and Contemplation, «The Cosmic Christ», 5 de noviembre, 2015, https://cac.org/the-cosmic-christ-2015-11-05/.

3. Toda verdad es objetiva. Se basa en el objeto, no en el sujeto.

4. Aquí documento a muchos de estos escritores, como Josefo, Tácito, Plinio el Joven, Talio, Luciano y Celso: https://www.alisachilders.com/blog/10-historical-facts-about-jesus-from-non-christian-sources.

5. Para estudios adicionales, recomiendo a Gary R. Habermas y Michael R. Licona, *El caso de la resurrección de Jesús*, Kregel, Grand Rapids, MI, 2004. Consulta también de N. T. Wright, *La resurrección del Hijo de Dios*, Editorial Verbo Divino, 2008. Los cuatro hechos y estadísticas se tratan en la segunda parte de *El caso de la resurrección de Jesús*.

6. Gerd Lüdemann, *What Really Happened to Jesus?: A Historical Approach to the Resurrection*, traducción de John Bowden, Westminster John Knox Press, Louisville, KY, 1995, p. 80.

7. Bart Ehrman, «Questions on the Resurrection and My Personal Spiritual Experiences: Readers' Mailbag», blog de Bart Ehrman, 24 de marzo de 2017, https://ehrmanblog.org/questions-on-the-resurrection-and-my-personal-spiritual-experiences-readers-mailbag/.

8. Muchas de estas teorías se explican y refutan en las tercera y cuarta partes de *El caso de la resurrección de Jesús*, de Gary R. Habermas y Michael R. Licona.

9. Glennon Doyle, *Indomable*, Ediciones Urano, Barcelona, España, 2021, p. 68 (del original en inglés).

10. Jen Hatmaker, *Fierce, Free, and Full of Fire: The Guide to Being Glorious You*, Nelson Books, Nashville, 2020, p. 91.

11. Rachel Hollis, *No lo vi venir: Cómo recomponer tu vida cuando se te cae el mundo encima*, HarperCollins Español, Nueva York, 2020, p. 43 (del original en inglés).

12. Glennon Doyle, «How Glennon Doyle Followed Her Truth—and Why You Should Too», Oprah.com, consultado el 18 de marzo de 2022, https://www.oprah.com/inspiration/glennon-doyle-follow-your-personal-truth#ixzz6mCgQ8d7P.

13. Grupo Barna y el Instituto Impact 360, *Gen Z, Volume 2: Caring for Young Souls and Cultivating Resilience*, 2021, capítulos 1 y 3.

CAPÍTULO 4: PALETAS

1. Kathryn Schulz, «The Self in Self–Help», Nueva York, 4 de enero de 2013, https://nymag.com/health/self-help/2013/schulz-self-searching/; Marshall Sinclair, «Why the Self-Help Industry Is Dominating the U.S.», Medium, 24 de febrero de 2019, https://medium.com/s/story/no-please-help-yourself-981058f3b7cf.

2. Sinclair, «Why the Self-Help Industry Is Dominating the U.S.».

3. Chris Melore, «Nearly Half of Americans Think They're a Better Person Than EVERYONE They Know!», Study Finds, 6 de mayo de 2021, https://www.studyfinds.org/half-americans-think-better-person-than-everyone/.

4. Jen Hatmaker, *Fierce, Free, and Full of Fire: The Guide to Being Glorious You*, Nelson Books, Nashville, 2020, p. 21.

5. Hatmaker, *Fierce, Free, and Full of Fire*, p. 60.

6. Rachel Hollis, *Amiga, lávate esa cara: Deja de creer mentiras sobre quién eres para que te conviertas en quien deberías ser*, Grupo Nelson, Nashville, TN, 2019, p. 33.

CAPÍTULO 5: ARMAGEDÓN

1. Allie Beth Stuckey, *You're Not Enough and That's Okay*, Sentinel, Nueva York, 2020, p. 9.

2. William Klassen, «"Love Your Enemies": Some Reflections on the Current Status of Research», en *The Love of Enemy and Nonretaliation in the New Testament*, ed. Willard M. Swartley, Westminster/John Knox Press, Louisville, KY, 1992, p. 13.

3. Confucianismo: Analectas 12:2; Budismo: Udanavarga 5.18; Hinduismo: Anushasana-parva, CXIII; Filosofía griega: Diógenes Laercio, Vit. phil. 1.36.

4. Si te cuesta creer que Dios comprende tu lucha, también podría ser una buena idea leer muy despacio el Salmo 103 y meditar sobre lo que escribió el rey David acerca de la naturaleza misericordiosa y paternal de Dios. Después de describir el amor inquebrantable, el perdón y la compasión de Dios, David nos recuerda que Dios «conoce nuestra condición; se acuerda de que somos polvo» (versículo 14, RVR60).

5. Rachel Hollis, *Amiga, lávate esa cara: Deja de creer mentiras sobre quién eres para que te conviertas en quien deberías ser*, Grupo Nelson, Nashville, TN, 2019, p. 5.

6. Rachel Hollis, *No lo vi venir: Cómo recomponer tu vida cuando se te cae el mundo encima*, HarperCollins Español, Nueva York, 2020, p. 75 (del original en inglés).

7. Glennon Doyle, *Indomable*, Ediciones Urano, Barcelona, España, 2021, p. 75 (del original en inglés); cursivas en el original.

8. Rachel Hollis, *Amiga, lávate esa cara: Deja de creer mentiras sobre quién eres para que te conviertas en quien deberías ser*, Grupo Nelson, Nashville, TN, 2019, p. 31.

9. Glennon Doyle, *Indomable*, Ediciones Urano, Barcelona, España, 2021, p. 117 (del original en inglés); cursivas en el original.

10. Glennon Doyle, *Indomable*, pp. 128-129 (del original en inglés); cursivas en el original.

11. Elisabeth Elliot, *Keep a Quiet Heart*, Servant Publications, Ann Arbor, MI, 1995, p. 20.

CAPÍTULO 6: ANIMADORES

1. *Carros de fuego*, 1981, Warner Brothers Pictures.

2. Mark McCormack, «Authenticity: Be True to Yourself», HRZone, 6 de septiembre de 2016, https://www.hrzone.com/community/blogs/mark-mccormack/authenticity-be-true-to-yourself.

3. «The Big Personal Values List and Their Meanings», Harmonious Way, https://harmoniousway.com/blog/the-big-personal-values-list-and-their-meanings/.

4. *Britannica Dictionary*, bajo la palabra «authentic», consultado el 24 de marzo de 2022, https://www.britannica.com/dictionary/authentic.

5. Lisa Capretto, «Why Brené Brown "Abandoned" the Church—and Why She Went Back», HuffPost, 16 de octubre de 2015, https://www.huffpost.com/entry/brene-brown-church_n_56200e7be4b069b4e1fb6e7a.

6. Brené Brown, *Desafiando la tierra salvaje*, Penguin Random House Grupo Editorial, Miami, FL, 2019, p. 40 (del original en inglés).

7. Jen Hatmaker, *Fierce, Free, and Full of Fire: The Guide to Being Glorious You*, Nelson Books, Nashville, 2020, p. 8.

8. Wayne A. Grudem, *Teología sistemática: Una introducción a la doctrina bíblica*, Editorial Vida, Miami FL, 2007, p. 210.

9. Jen Hatmaker, *Fierce, Free, and Full of Fire*, Nelson Books, Nashville, 2020, p. xiv.

10. Kathy Koch, *8 Great Smarts: Discover and Nurture Your Child's Intelligences*, Moody Publishers, Chicago, 2016, p. 203.

11. Louis Berkhof, *Teología Sistemática completa*, Libros Desafío, Grand Rapids, MI, 1938, 1996, p. 72.

12. Berkhof, *Teología Sistemática*, p. 73.

13. Charles C. Ryrie, *Teología Básica: Una guía sistemática popular para entender la verdad bíblica*, Editorial Unilit, Miami, FL, 1993, pp. 18-19.

14. Ryrie, *Teología Básica*, p. 102.

15. John R. W. Stott, *Las cartas de Juan: Introducción y comentario*, Ediciones Certeza, Buenos Aires, Argentina, 1974, p. 82.

16. Para obtener un excelente recurso sobre el propósito y el llamado, consulta Teasi Cannon, *Lord, Where's My Calling? When the Big Question Becomes a Big Distraction*, (autoedición, 2021).

CAPÍTULO 7: NUEVA YORK

1. Bob Dylan, *Crónicas*, vol. 1, Malpaso Ediciones, Barcelona, España, 2016, p. 11.

2. Stephenie Meyer, *Amanecer*, Alfaguara, Penguin Random House Grupo Editorial, Miami, FL, 2008, p. 552.

3. Peter Kreeft, *Fundamentals of the Faith: Essays in Christian Apologetics*, Ignatius Press, San Francisco, 1988, p. 160. Consulta también https://www.peterkreeft.com/topics/heaven.htm.

4. Jen Hatmaker, *Fierce, Free, and Full of Fire: The Guide to Being Glorious You*, Nelson Books, Nashville, 2020, p. 113.

5. Rachel Hollis, *Amiga, lávate esa cara: Deja de creer mentiras sobre quién eres para que te conviertas en quien deberías ser*, Grupo Nelson, Nashville, TN, 2019, p. 79.

6. Para más información sobre el llamado «argumento del deseo», véase Peter Kreeft, «The Argument from Desire», PeterKreeft. com, https://www.peterkreeft.com/topics/desire.htm. Encontrará más información sobre su explicación y defensa del argumento aquí: https://www.peterkreeft.com/audio/23_desire.htm.

CAPÍTULO 8: MOSQUITOS

1. Craig Keener y Médine Moussounga Keener, *Impossible Love: The True Story of an African Civil War, Miracles, and Hope against All Odds*, Chosen, Minneapolis, 2016, p. 170.

2. Keener y Keener, *Impossible Love*, p. 163.

3. Christian Smith, *Soul Searching: The Religious and Spiritual Lives of American Teenagers*, Oxford University Press, Nueva York, 2005, pp. 162-163.

4. Ellen Vaughn, *Becoming Elisabeth Elliot*, B&H Publishing Group, Nashville, 2020, p. xiv.

5. Matthew G. Aragones, «How to Stop Talking Nonsense: The Myth of Redemptive Suffering», Patheos, 3 de mayo de 2020, https://www.patheos.com/blogs/suspendedinherjar/2020/05/the-myth-of-redemptive-suffering/#disqus_thread.

6. Rachel Hollis, *Amiga, lávate esa cara: Deja de creer mentiras sobre quién eres para que te conviertas en quien deberías ser*, Grupo Nelson, Nashville, TN, 2019, pp. xi-xii.

7. Rachel Hollis, *Amiga, deja de disculparte: Un plan sin pretextos para abrazar y alcanzar tus metas*, Grupo Nelson, Nashville, TN, 2019, p. xx.

8. Rod Dreher, *Vivir sin mentiras*, Ediciones Encuentro, Madrid, España, 2021, p. 194.

9. Oswald Chambers, *En pos de lo supremo*, 5 de noviembre, Centros de Literatura Cristiana de Colombia, Bogotá, Colombia, 2003. (¿Participamos de las aflicciones de Cristo? ¿Estamos dispuestos a que Dios destruya y transforme sobrenaturalmente nuestras decisiones personales?[9])

10. Chambers, *En pos de lo supremo*, 5 de noviembre.

CAPÍTULO 9: PREJUICIOSOS

1. Rachel Hollis, *Amiga, lávate esa cara: Deja de creer mentiras sobre quién eres para que te conviertas en quien deberías ser*, Grupo Nelson, Nashville, TN, 2019, p. 43; cursivas añadidas.

2. Dr. Seuss, *¡Oh, cuán lejos llegarás!*, Random House, Nueva York, 1993, p. 2.

CAPÍTULO 10: AMIGOS

1. Alisa Childers, «Girl, Wash Your Face? What Rachel Hollis Gets Right... and Wrong», AlisaChilders.com, 3 de septiembre de 2018, https://www.alisachilders.com/blog/girl-wash-your-face-what-rachel-hollis-gets-rightand-wrong.

2. Rachel Hollis, *Amiga, lávate esa cara: Deja de creer mentiras sobre quién eres para que te conviertas en quien deberías ser*, Grupo Nelson, Nashville, TN, 2019, pp. xi-xii.

3. Hollis, *Amiga, lávate esa cara*, pp. xii, xiv.

4. E! News, «Rachel Hollis Issues Apology after Privilege Video Backlash», YouTube, 6 de abril de 2021, https://www.youtube.com/watch?v=f8ws0FmAsHc.

5. Hollis, *Amiga, lávate esa cara*, xvi.

6. Paul Davies, *El quinto milagro. La búsqueda del origen y significado de la vida*, Editorial Crítica, Barcelona, España, 2000, p. 28.

7. John Searle, *La mente: Una breve introducción*, Editorial Norma, Bogotá, Colombia, 2006, p. 48.

8. John Wenham, *Christ and the Bible*, tercera edición, Wipf & Stock, Eugene, OR, 2009, p. 28.

9. John MacArthur, *Truth Matters*, Thomas Nelson, Nashville, 2004, p. 5.

10. Leon Morris, *The Gospel according to Matthew*, Pillar New Testament Commentary, Eerdmans, Grand Rapids, MI, 1992, p. 74.

11. Merriam-Webster.com, bajo la palabra, «literal», https://www.merriam-webster.com/dictionary/literal.

12. Juan 10:9; Juan 10:11; Marcos 12:10; Juan 6:35; Apocalipsis 5:5; Juan 15:1; Mateo 5:13-14; Juan 15:5; Juan 10:11.

13. James Montgomery Boice, *Los fundamentos de la fe cristiana* (revisado en un volumen), Editorial Unilit, Miami, FL, 1996, p. 22.

CAPÍTULO 11: MÁQUINA DE DISCOS

1. Jim Gaffigan, «4 Kids/Home Birth», YouTube, 16 de abril de 2020, https://www.youtube.com/watch?v=-Jf2IGylAhE.

2. Glennon Doyle, *Indomable*, Ediciones Urano, Barcelona, España, 2021, p. 249 (del original en inglés).

3. Doyle, *Indomable*, p. 249.

4. Wayne A. Grudem, *Teología sistemática: Una introducción a la doctrina bíblica*, Editorial Vida, Miami FL, 2007, p. 205.

5. Louis Berkhof, *Teología Sistemática completa*, Libros Desafío, Grand Rapids, MI, 1938, 1996, p. 72.

6. John R. W. Stott, *Las cartas de Juan: Introducción y comentario*, Ediciones Certeza, Buenos Aires, Argentina, 1974, p. 174.

7. Peter Kreeft, *Making Sense Out of Suffering*, Servant Books, Ann Arbor, MI, 1986, pp. 136, 138.

CAPÍTULO 12: RESENTIMIENTOS

1. Jillian Berman, «Why That 'Like a Girl' Super Bowl Ad Was So Groundbreaking», *Huffington Post*, 3 de febrero de 2015, https://www.huffpost.com/entry/always-super-bowl-ad_n_6598328.

2. Alastair Roberts, «Why We Should Jettison the "Strong Female Character"», Mere Orthodoxy, 18 de abril de 2016, https://mereorthodoxy.com/why-we-should-jettison-the-strong-female-character/?fbclid=IwAR0jHYbJO_UaPyukhmiWqO-qHti8UG-9ZlYtG2vWBNTwKhhK7x4vWtMvHaG0#more-127342.

3. Glennon Doyle, *Indomable*, Ediciones Urano, Barcelona, España, 2021, pp. 114-115 (del original en inglés).

4. Doyle, *Indomable*, p. 115.

5. Doyle, *Indomable*, pp. 121-122.

6. Elizabeth Cady Stanton, *La Biblia de la mujer*, sin lugar, 1898, p. 61 (del original en inglés).

7. Stanton, *La Biblia de la mujer*, p. 5 (del original en inglés).

8. Christina Hoff Sommers, *La guerra contra los chicos. Cómo un feminismo mal entendido está dañando a los chicos jóvenes*, Ediciones Palabra, Madrid, España, 2013, p. 6.

9. Christina Hoff Sommers, *La guerra contra los chicos*, p. 73.

10. Larry W. Hurtado, *Destructor de los dioses: El cristianismo en el mundo antiguo*, Ediciones Sígueme, Salamanca, 2017, 2016, p. 208.

11. Roy E. Ciampa y Brian S. Rosner, *The First Letter to the Corinthians*, Pillar New Testament Commentary, Eerdmans, Grand Rapids, 2010, 280–281. Citado en la carta de Paul Carter, «5 Surprising Things the Bible Says about Sex», The Gospel Coalition Canadian Edition, 15 de agosto de 2018, https://ca.thegospelcoalition.org/columns/ad-fontes/5-surprising-things-that-the-bible-says-about-sex/.

12. Kenneth A. Mathews, *Genesis 1—11:26*, The New American Commentary, vol. 1A, Broadman & Holman, Nashville, 1996, p. 212.
13. Mathews, *Genesis 1–11:26*, p. 214.

CAPÍTULO 13: MARCHA DE LA MUERTE

1. Jen Hatmaker, *Fierce, Free, and Full of Fire: The Guide to Being Glorious You*, Nelson Books, Nashville, 2020, p. 11.
2. Philip Schaff, editor, *The Complete Ante-Nicene & Nicene and Post-Nicene Church Fathers Collection: 3 Series, 37 Volumes, 65 Authors, 1,000 Books, 18,000 Chapters, 16 Million Words*, Catholic Way Publishing, Londres, 2014, loc. 61831 of 662192, Kindle.
3. Gerald L. Sittser, *Water from a Deep Well*, InterVarsity Press, Downers Grove, IL, 2007, pp. 47-48.
4. John L. Cooper, *Awake and Alive to Truth: Finding Truth in the Chaos of a Relativistic World*, Cooper Stuff Publishing, sin lugar, 2020, p. 94.
5. A. W. Tozer, *The Radical Cross*, Moody Publishers, Chicago, 2015, p. 138.

ACERCA DE LA AUTORA

Alisa Childers es la autora de *Another Gospel?* [*¿Otro evangelio?*], un libro en el que describe el viaje de años que emprendió mientras luchaba con preguntas que golpeaban el corazón de la fe cristiana y encontraba la verdad. Es esposa, madre, escritora, podcastera, bloguera, oradora y líder de alabanza. Fue miembro del galardonado grupo ZOEgirl, en la categoría de música cristiana contemporánea. En la actualidad, es una respetada oradora en conferencias de apologética y cosmovisión cristiana, así como la anfitriona de su popular canal de YouTube. La historia de Alisa apareció en el documental *American Gospel: Christ Crucified.* Sus escritos se han publicado en The Gospel Coalition, Crosswalk, The Stream, For Every Mom, la revista *Decision* y The Christian Post, y en su blog «Girl, Wash Your Face? What Rachel Hollis Gets Right... and Wrong» [¿Amiga, lávate esa cara? Lo que Rachel Hollis hace bien... y mal] ha recibido más de un millón de visitas.

Puedes ponerte en contacto con Alisa en línea en alisachilders.com.